KAISERSWERTH 5
Der älteste Stadtteil Düsseldorfs ist auch der gemütlichste: Rund um Kaiserpfalz und Suitbertusbasilika wird Geschichte lebendig

➤ S. 55

SCHLOSS BENRATH 6
Kaum ein anderes Bauwerk des Spätbarocks in Europa ist so gut erhalten wie der Sitz des Gartenkunstmuseums in Benrath (Foto)

➤ S. 60

NEANDERTHAL-MUSEUM 7
Eine Zeitreise in die Vergangenheit – direkt am Fundort des berühmten Urmenschen
Tipp: Am Ende der Ausstellung stehen ein paar unserer Vorfahren bereit zum Familienfoto. Skurril, aber cool!

➤ S. 61

IM FÜCHSCHEN 8
Zum Bier im Traditionsbrauhaus servieren die Köbesse Spezialitäten wie Sauerbraten und Halve Hahn

➤ S. 67

RHEINUFERPROMENADE 9
In lauen Sommernächten ist dies der schönste Treff im Freien: ein Flair fast wie am Mittelmeer
Tipp: Die besten Sunset-Shots machst du zwischen den Häusern auf der Bäckerstraße mit Blick zur Promenade

➤ S. 89

RONCALLI'S APOLLO VARIETÉ 10
Bernhard Paul präsentiert eine zauberhafte Mischung aus Akrobatik und kulinarischen Genüssen

➤ S. 98

INHALT

BESSER PLANEN
MEHR ERLEBEN!

Digitale Extras
go.marcopolo.de/app/due

⏲	Besuch planen
€–€€€	Preiskategorien
(*)	Kostenpflichtige Telefonnummer

☂	Bei Regen
	Low Budget
	Mit Kindern
⚑	Typisch

(▯ A2) Herausnehmbare Faltkarte
(▯ a2) Zusatzkarte auf der Faltkarte
(0) Außerhalb des Faltkartenausschnitts

MARCO POLO TOP-HIGHLIGHTS

2 Die 10 besten Highlights

DAS BESTE ZUERST

8 ... bei Regen
9 ... Low-Budget
10 ... mit Kindern
11 ... typisch

SO TICKT DÜSSEL DORF

14 Entdecke Düsseldorf
19 Auf einen Blick
20 Düsseldorf verstehen
23 Klischeekiste

26 SIGHTSEEING

30 Altstadt & Carlstadt
42 Stadtmitte
49 Nördlich der Stadtmitte
52 Hafen
55 Außerdem sehenswert
61 Ausflüge

62 ESSEN & TRINKEN

76 SHOPPEN & STÖBERN

88 AUSGEHEN & FEIERN

AKTIV & ENTSPANNT

102 Sport, Spaß & Wellness
104 Feste & Events
106 Schöner schlafen

ERLEBNISTOUREN

112 Düsseldorf perfekt im Überblick
115 Die Stadt und der Fluss
118 Rein in den Sattel und raus aus der City
121 Kultur pur: Streifzug durch Oberkassel

GUT ZU WISSEN

124 **DIE BASICS FÜR DEINEN STÄDTETRIP**
Ankommen, Mobil sein, Vor Ort, Notfälle, Wettertabelle
130 **DÜSSELDORF-FEELING**
Bücher, Filme, Musik & Blogs
132 **TRAVEL PURSUIT**
Das MARCO POLO Urlaubsquiz
134 **REGISTER & IMPRESSUM**
136 **BLOSS NICHT!**
Fettnäpfchen und Reinfälle vermeiden

DAS BESTE ZUERST

Knick in der Linse? Die Gehry-Bauten am Medienhafen machen sich krumm

DÜS SEL DORF

INSIDER-TIPP
Deine Abkürzung ins Erleben!

Reisen mit MARCO POLO Insider-Tipps

MARCO POLO TOP-HIGHLIGHTS

KÖNIGSALLEE (KÖ) ★ 1
Auch wenn zum Shoppen das Budget nicht reicht: Flanieren und das exklusive Publikum auf Düsseldorfs Prachtmeile bestaunen geht immer

➤ S. 43

RHEINTURM ★ 3
Mit 234 m ist er das höchste Gebäude der Stadt. Das Restaurant dreht sich stündlich einmal um seine Achse

Tipp: Vom Schwanenspiegel aus fotografiert gibt's den Rheinturm mit toller Spiegelung im Wasser

➤ S. 54

HOFGARTEN ★ 2
Düsseldorfs grüne Lunge mitten in der City ist beliebt bei Liebespaaren und Ruhesuchenden

Tipp: Im Frühjahr bietet das „blaue Band" aus Tausenden Krokussen ein postkartentaugliches Motiv. Nur ja nicht drauftreten!

➤ S. 44

NEUER ZOLLHOF ★ 4
Preisgekrönt: Die geschwungenen und gedrehten Bauwerke des Architekten Frank O. Gehry sind DER Blickfang im Medienhafen

Tipp: Die Edelstahlfassade von Haus B ermöglicht ein geniales Spiel mit Licht und Reflexion

➤ S. 55

BEST OF BEI REGEN

SCHÖN, AUCH WENN ES REGNET

BESSERES WETTER ABWARTEN IM CAFÉ

Einen tollen Ausblick auf die Altstadt bietet das *Café Laterne* hoch oben im Schlossturm. Bei einem leckeren Stück Kuchen kannst du hier den Regen abwarten. Zu langweilig? Dann besuch das Schifffahrt-Museum in den unteren Etagen

➤ S. 31

IN FILMWELTEN ABTAUCHEN

Kostüme von Filmstars, eine Camera obscura, Windmaschinen, Drehbücher und anderes geben im *Filmmuseum* einen Einblick in das Geschehen am Set und in die Filmgeschichte. Das hauseigene Kino Black Box zeigt alte und neue Streifen mit monatlich wechselnden Schwerpunkten (Foto)

➤ S. 39

DURCHS SCHLOSS LUSTWANDELN

Wer *Schloss Benrath* mit seiner rosa-weißen Fassade und den vielen Putten und Skulpturen sieht, versteht, warum es im 18. Jh. als Lustschloss diente. Wenn der Regen nachlässt, solltest du unbedingt auch den liebevoll angelegten Garten besuchen

➤ S. 60

ZEIT FÜR INDOOR-SHOPPING

An der Königsallee befindet sich das Einkaufszentrum *Sevens*. Auf sieben Etagen haben Designer und Juweliere ihre Geschäfte. Auf der untersten Ebene gibt es Restaurants und Cafés

➤ S. 82

AUSGEZEICHNET ERHOLEN

Bei einer Massage, einem Saunagang oder Schönheitsbad im *Vabali Spa* wünscht man sich fast, dass es morgen auch noch regnet! Der Wellnesstempel mitten in der Natur ist der perfekte Ort, um miesem Wetter zu entkommen und so richtig zu entspannen

➤ S. 103

BEST OF

LOW-BUDGET

FÜR DEN KLEINEN GELDBEUTEL

KOSTENLOSE FÜHRUNG
Das Düsseldorfer *Rathaus* nahe dem Rhein und mit dem Jan-Wellem-Denkmal vor der Tür ist nicht nur ein beliebtes Fotomotiv. Du kannst die verschiedenen Gebäude auch von innen betrachten. Die Führungen jeden Mittwoch ab 15 Uhr sind kostenfrei
➤ S. 41

MODERNE KUNST FÜR NULL EURO ERLEBEN
Die Kunstsammlungen *NRW K20* und *K21* gibt's auch gratis zu sehen. Jeden ersten Mittwoch im Monat von 18 bis 22 Uhr kostet der Museumsbesuch keinen Eintritt. Oft auch frei: Vorträge und Führungen
➤ S. 35, 38

MUSIK IN HEILIGEN HALLEN
Sankt Lambertus ist die Hauptkirche Düsseldorfs mit einer reichen Ausstattung und einem imposanten Kirchenschatz. Hörenswert sind auch die internationalen Orgelkonzerte, die am ersten Montag im Monat um 19.30 Uhr stattfinden. Der Eintritt ist frei, eine Spende zur Erhaltung der beiden Orgeln willkommen (Foto)
➤ S. 33

VOLLES PANORAMA ZUM HALBEN PREIS
Der Blick von der auf 168 m Höhe gelegenen Aussichtsplattform des *Rheinturms* ist zu jeder Tageszeit spektakulär. Besonders günstig genießt man ihn aber zwischen 10 und 11 oder abends ab 22 Uhr – die Tickets gibt's dann für knapp die Hälfte
➤ S. 54

FITNESS ZUM NULLTARIF
Wer nicht aufs Work-out verzichten will, braucht in dieser Stadt keine Gästekarte im teuren Fitnessstudio: Die regelmäßigen Sessions von *Sport im Park* sind kostenlos und offen für jeden
➤ S. 102

BEST OF

MIT KINDERN

SPANNENDES FÜR GROSS & KLEIN

INTO THE WILD

Tierische Begegnungen und ganz viel Platz zum Toben gibt's auf dem Gelände des *Wildparks Grafenberger Wald* kostenlos. Kleine Forscher erfahren auf dem Waldlehrpfad viel Spannendes über Pflanzen und Tiere und können am lebenden Objekt untersuchen, ob Wildschweine lieber Äpfel oder Möhren futtern (Foto)

➤ S. 56

SPIELWIESE XXL

Egal, ob Picknick im Frühling, Grillen im Sommer oder Drachensteigenlassen im Herbst – die *Rheinwiesen* sind zu jeder Jahreszeit Düsseldorfs größter Abenteuerspielplatz

➤ S. 56

GROSSES THEATER IM KLEINFORMAT

Von Jim Knopf über Momo bis zur Zauberflöte entführen Marionetten, Schattenfiguren und Masken kleine und große Zuschauer in andere Welten. Da wird der kleine Ausflug ins *Marionettentheater* zur großen Fantasiereise

➤ S. 98

TIERISCHE BEGEGNUNGEN

Vom Riffhai bis zum Seeigel leben im *Aquazoo Löbbecke Museum* über 500 verschiedene Tierarten in riesigen Aquarien und Terrarien auf mehreren Ebenen. Auch Landbewohner wie Pinguine oder Zwergagutis sind dabei

➤ S. 52

WASSER MARSCH!

Ob mit vollem Speed im Riesenreifen auf der Wildwasserrutsche, im Strömungskanal oder beim Spielen auf dem bunten Piratenschiff im Außenbereich: Im *Freizeitbad Düsselstrand* kommt bei kleinen Wasserratten garantiert keine Langeweile auf

➤ S. 103

FLANIEREN MIT DEN REICHEN

Schaufensterbummel, Sehen und Gesehenwerden oder jede Menge Geld ausgeben: Die *Königsallee* ist Düsseldorfs berühmteste und teuerste Straße

➤ S. 43

VON STARS UND STERNCHEN

Was für ein Schmuckstück! Die Kuppel und der Stern auf dem Dach der *Tonhalle* erinnern noch an ihre ursprüngliche Funktion als Planetarium. Erst seit den 1970er-Jahren finden dort Konzerte verschiedenster Stilrichtungen statt – in grandioser Akustik (Foto)

➤ S. 98

SENF IM TOPF

Der Düsseldorfer Löwensenf ist berühmt. Einheimische schwören aber auf den ABB-Senf, den es im *Gewürzhaus* in der Altstadt gibt. Der Mostert im grau-blauen Steinguttopf eignet sich prima als Mitbringsel

➤ S. 81

ALTBIER KOSTEN

Du kannst Düsseldorf nicht verlassen, ohne mindestens ein Altbier getrunken zu haben. Das typische Getränk der Stadt schmeckt in den Brauereigaststätten (und zu deftigem Essen) besonders gut. *Kürzer, Füchschen, Uerige* oder *Schumacher* – probier dich durch und finde deinen Favoriten

➤ S. 66, 67, 68,

EINE BÜHNE MIT TRADITION

Kabarett? *Kom(m)ödchen!* 1947 von Kay und Lore Lorentz gegründet, zählt das Kulturhaus zu den renommiertesten Kleinkunstbühnen Deutschlands

➤ S. 99

NEUE ALTE SCHÄTZE FINDEN

Der *Radschlägermarkt* ist ein richtiger Trödelmarkt und noch dazu der älteste der Stadt. Antikes, seltene Schätze und Trödel der vergangenen Jahre laden zum Stöbern ein. Neuwaren gibt's nicht

➤ S. 87

SO TICKT DÜSSELDORF

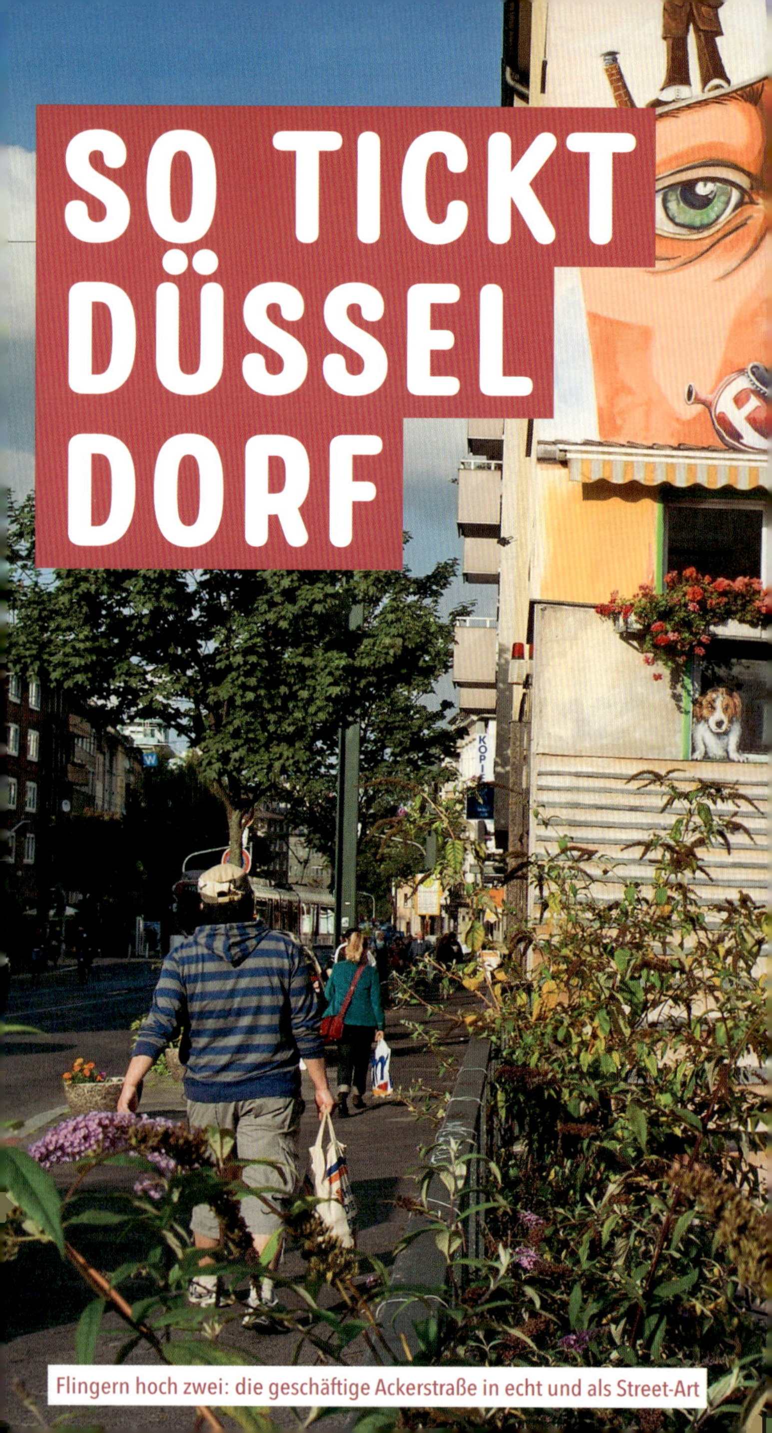

Flingern hoch zwei: die geschäftige Ackerstraße in echt und als Street-Art

Klaus Klinger
Farbfieber.de

ENTDECKE DÜSSELDORF

An der Rheinuferpromenade wird gebummelt, geguckt, geklönt, geschlemmt

Eine lebendige Kunstszene mit zahlreichen Galerien und Museen, eine wunderbar lange Promenade am Rheinufer, eine hohe Dichte an Kneipen, Cafés und Restaurants, quirlige Stadtviertel mit jeweils eigenem Charakter und Einkaufsmöglichkeiten für jeden Geldbeutel: Düsseldorf hat eine Menge zu bieten. Entdecke die spannenden Facetten der wohl schönsten Stadt am Rhein!

RHEINISCHES SAVOIR-VIVRE

„C'est petit Paris!", soll Napoleon Bonaparte beim Anblick Düsseldorfs ausgerufen haben. Historisch belegt ist das zwar nicht, aber was macht das schon? Die Düsseldorfer lieben ihre Stadt und zitieren das Bonmot nur zu gern. Kein Wunder: Düsseldorf ist großstädtisch, aber überschaubar, dynamisch, aber nicht hektisch und verweist in Umfragen zur Lebensqualität regelmäßig auch internationale Metro-

1288 Verleihung der Stadtrechte

1679–1719 Kulturelle und wirtschaftliche Blüte unter Jan Wellem (Kurfürst Johann Wilhelm II. von Pfalz-Neuburg)

13. Dez. 1797 Geburt Heinrich Heines in der Bolkerstraße 53

1802–1804 Anlegung der heutigen Königsallee

1882 Düsseldorf wird Großstadt (100 000 Ew.)

1942–1945 Im Zweiten Weltkrieg wird rund die Hälfte der Stadt zerstört

polen auf die hinteren Plätze. Die Qualitäten Düsseldorfs liegen dabei gar nicht so sehr in Prachtgebäuden oder historisch bedeutenden Orten. Es ist vielmehr das Lebensgefühl, das sich überall in der nordrhein-westfälischen Landeshauptstadt bemerkbar macht.

ANSTECKEND FRÖHLICH

Die Atmosphäre ist eindeutig rheinischer Art. Das heißt, man hat es gern locker, nimmt vieles nicht so genau, achtet darauf, es sich gut gehen zu lassen, und ist vor allem von einer Sache absolut überzeugt: Schöner als in dieser Stadt kann es nirgendwo sein. Dieses unzerstörbare Selbstbewusstsein äußert sich gern mal in Angebereien, in einer gewissen großtuerischen Art. Davon sollte man sich nicht beeindrucken lassen. Das ist oft gar nicht so ernst gemeint, bietet aber Gesprächsstoff und erleichtert die Kontaktaufnahme zu den Düsseldorfern. Manche werden das spezielle Savoir-vivre (und ja, auch die Neigung zur Großspurigkeit) mögen, andere mag es auf den ersten Blick eher abschrecken. Doch hinter der nicht selten übertriebenen Selbstdarstellung verbirgt sich meist ein ausgeprägter Sinn für Humor und eine geradezu ansteckende rheinische Fröhlichkeit. Diese warmherzige Lebensfreude schlägt sich im Feiern, Geldausgeben und in großen Auftritten nieder – im „Spaß an der Freud'" eben, wie der Wahlspruch der Düsseldorfer lautet.

GELDAUSGEBEN LEICHT GEMACHT

Nicht zuletzt die Mode- und Kosmetikbranche profitiert von der Liebe der Düsseldorfer zu den schönen Dingen im Leben. Internationale Marken wie C&A,

1946 Düsseldorf wird Hauptstadt des neu gegründeten Bundeslands Nordrhein-Westfalen

1965 Die Stadt wird Universitätsstadt

2016 Eröffnung der Wehrhahn-Linie nach fast zehn Jahren Bauzeit (und 843. Mio Euro Ausgaben)

2021 Fertigstellung des stadtplanerischen Großprojekts „Kö-Bogen"

2024 Düsseldorf ist einer der Austragungsorte der Fußball-EM der Männer

L'Oréal oder Shiseido haben hier ihren Hauptsitz. In den vielen Showrooms entlang der Kaiserswerther Straße präsentieren Designer und Marken wie Windsor oder Versace ihre exklusiven Kollektionen. Und wer hier nicht fündig wird, kann natürlich auch bei den Luxuslabels auf der Königsallee seine Kreditkarte zücken. So oder so: Düsseldorf ist eine Beauty- und Fashionstadt – auch wegen der mehrmals jährlich stattfindenden Messen.

DIE FÜNFTE JAHRESZEIT

Eines der wichtigsten Events ist in Düsseldorf natürlich der Karneval: Ende Februar/Anfang März steht die Stadt für ein langes Wochenende Kopf. Von Altweiberfastnacht (Karnevalsdonnerstag) bis zum nächsten Dienstag werden Unmengen von Altbier getrunken, und die Jecken feiern und tanzen auf den Straßen sowie in den Kneipen – in (mehr oder weniger) originellen Kostümen, mit Luftschlangen und Konfetti. Höhepunkt ist der Rosenmontag mit dem großen Karnevalszug durch die Innenstadt. Neben Bützen und Bier geht es hier auch ganz schön bissig zu: Die satirischen Mottowagen des Düsseldorfer Künstlers Jacques Tilly greifen auf bitterböse Art aktuelle politische und gesellschaftliche Themen auf und werden jedes Jahr mit Spannung erwartet. Derb, direkt und doch immer mit einem Augenzwinkern – typisch rheinisch eben.

FRISCHLUFTFANS

Die Rheinländer zieht es generell ins Freie, und die Düsseldorfer bilden da keine Ausnahme. Da gibt es an jedem Wochenende das Schaulaufen der Inlineskater am Rhein (wo sich im Übrigen alle zeigen, die gesehen werden möchten). Frankreichfest, Jazz-Rally und Düsseldorf Festival bringen Zigtausende auf die Beine. Und im Juli verwandeln die Bierzelte und Hightechkarussells der größten Kirmes am Rhein die Oberkasseler Uferwiesen in einen einzigen Vergnügungspark. Was die Düsseldorfer eigentlich ja gar nicht brauchen, schließlich drängen sich in der Altstadt unzählige Kneipen und Bars auf relativ kleinem Raum und bieten für jeden Geschmack etwas. Traditionelle Brauhäuser neben Studentenkneipen und Cocktailbars, Hähnchengrills, Pizzerien und Diskotheken, Irish Pubs und Intellektuellentreffs – willkommen an der „längsten Theke der Welt"!

VOM DORF ZUR GROSSSTADT

Fast so schmerzhaft wie das Kopfweh am Tag nach einer Kneipentour ist das Verhältnis zur Nachbarstadt Köln, der ewigen Konkurrentin. Auch dass Düsseldorf im Jahr 1288 eine Stadt wurde, hängt mit Köln zusammen: Weil die Düsseldorfer wacker in der Schlacht bei Köln-Worringen mitgekämpft hatten, erhob der Graf von Berg zum Dank den günstig zwischen dem Rhein und der Ost-West-Handelsstraße gelegenen Ort zur Stadt. Das änderte aber nichts, Düsseldorf blieb ein winziges, verschlafenes Dorf. Bis der sogenannte zweite Stadtgründer,

Geschichte zum Angucken ist das Stadterhebungsmonument

Herzog Wilhelm von Berg, Ende des 14. Jhs. für das Nest einen großen Reliquienschatz anschaffte und Düsseldorf so einen Platz im Kreis der sieben wichtigsten Wallfahrtsorte des Rheinlands sicherte. Neben der Ehre bedeutete das auch eine sprudelnde Einkommensquelle für Gastwirte, Herbergsleute und manch anderes Gewerbe.

Eine kontinuierliche Entwicklung als fürstliche Hauptstadt war Düsseldorf dennoch nicht beschieden: Es blieb klein und eher unbedeutend. Als die Preußen an den Rhein kamen, lebten in Düsseldorf gerade einmal 20 000 Menschen; Handel und Gewerbe waren alles andere als blühend. Für das Selbstbewusstsein der Bürger ist darum auch Düsseldorfs heutige Rolle als Hauptstadt des Landes Nordrhein-Westfalen nicht zu unterschätzen. Im Alltag wird zwar wenig Aufhebens darum gemacht – ein Fingerzeig auf das Landtagsgebäude am Rhein ist aber gerade im ewigen Vergleich mit der Nachbarstadt Köln ein gern ausgespielter Trumpf.

NÄCHSTER HALT: KUNST UND KULTUR

Mit mehr als 20 Museen und über 100 Galerien besitzt Düsseldorf eine lebendige und international renommierte Kulturszene. Klar, dass die Kunst auch im Stadtbild überall präsent ist. Joseph Beuys allerdings – 1961 bis 1972 Professor an der Kunstakademie – wurde noch bis heute kein Denkmal gesetzt. Nur sein berühmter Filzhut ist im Stadterhebungsmonument verewigt. Ein absoluter Hingucker (und Hinhörer) sind die 2016 eröffneten sechs U-Bahnhöfe, die Düsseldorfs Ruf als Kunststadt alle Ehre machen. Jeder Bahnhof ist eine Attraktion für sich, gestaltet von namhaften Künstlern, die alle an der Kunstakademie studierten. Da lohnt sich eine Fahrt mit Ausstieg an jeder Haltestelle.

GRÜSSE AUS JAPAN

Besucher aus der ganzen Welt kommen aber nicht nur wegen der Kunst, sondern vor allem auch wegen der Messen, die zu Düsseldorf gehören wie zu anderen Städten ein Dom. Dutzende Messen mit bis zu 1 Mio. Besuchern pro Jahr spülen ordentlich Geld in die Stadtkasse, sind allerdings für die Einheimischen nicht immer ganz einfach zu verkraften. Seine Hauptrolle spielt Düsseldorf heute als bedeutendes internationales Handelszentrum und wichtiger Außenhandelsplatz der Bundesrepublik. Auch deshalb ist hier die mit über 400 Firmen nach London und Paris drittgrößte japanische Gemeinde in Europa heimisch geworden.

Da ein gutes Image für die vielen Unternehmen und Institutionen lebenswichtig ist, herrschen hier auch beste Bedingungen für die Werbebranche. Am Rand des Industriehafens ist (nicht nur) für die kreativen Marketinggurus ein Viertel entstanden, in dem namhafte Architekten einander mit ihren avantgardistischen Bauwerken überbieten: das Medienviertel. Fernsehsender, Filmfirmen und Galerien teilen sich den Kiez mit angesagten Bars und einigen der besten Restaurants der Stadt.

HEIMATHAFEN

Die hin und wieder von den Straßenlaternen kreischenden Möwen erinnern einen daran, dass Düsseldorf nicht zuletzt auch eine Hafenstadt ist: Die Neuss-Düsseldorfer Häfen bilden tatsächlich den drittgrößten Binnenhafen Deutschlands und damit einen bedeutenden Wirtschaftsfaktor. Der Rhein spielt auch für das Heimatgefühl der Düsseldorfer eine herausragende Rolle, die Rheinuferpromenade ist einer ihrer Lieblingsplätze. Entweder setzt man sich in eines der vielen Cafés oder in eine der Kneipen, die in die ehemaligen Kasematten eingezogen sind, schaut sich an, wer so alles vorbeikommt, und staunt über die großen Containerschiffe, die Richtung Schweiz oder Holland ziehen. Oder man bummelt bis zum Medienhafen und lässt sich auf der *Living Bridge* nieder, die die Promenade am Handelshafen mit der ersten Landzunge der Speditionsstraße verbindet. Wieder andere genießen den Blick vom „Balkon am Wasser", der auf der ehemaligen Kranbahn an der Speditionsstraße entstanden ist. Denn genau darin liegt der große Charme der Stadt: In Düsseldorf genießt man das Hier und Jetzt in vollen Zügen und ist immer offen für Neues und für Fremde – die hier meist nicht lange Fremde bleiben.

INSIDER-TIPP
Der Spot fürs Selfie mit Rheinturm

AUF EINEN BLICK

653 000
Einwohner

Stuttgart: 610 000

30 Stunden
stehen Autofahrer jährlich im Stau

in Hamburg: 56 Stunden

42,1 km
Rheinlänge auf dem Stadtgebiet

in Köln: 40,1 km

217,41 km²
Fläche

Köln: 405,02 km²

HÖCHSTER TURM: RHEINTURM

240,5 m

Berliner Fernsehturm: 368 m

LÄNGSTE KARNEVALSSITZUNG DER WELT

35 STUNDEN

GELBES LICHT

Düsseldorf ist die einzige Stadt Deutschlands mit einer Gelbphase an Fußgängerampeln

KILLEPITSCH

Kräuterlikörspezialität, wird in 14 Länder exportiert

10 STERNERESTAURANTS
in ganz NRW: 56

ALTBIER-BRAUEREIEN
6

DÜSSELDORF VERSTEHEN

DÜSSELSTADT?

Die Frage nach dem Lauf der Düssel würde selbst viele Einheimische in Verlegenheit bringen. Kein Wunder, denn sie fließt häufiger unterirdisch als oberirdisch. Nur auf kurzen Strecken taucht sie hier und da als kanalisierter Bach im Stadtbild auf. Noch dazu bildet das lediglich 40 km lange Flüsschen auf dem Düsseldorfer Stadtgebiet ein veritables, vierarmiges Delta. Seine beiden Hauptarme münden, den Blicken entzogen, am Schlossturm und beim alten Binnenhafen in den Rhein. Bemerkbar macht sich die kleine Düssel vor allem dort, wo ihr Wasser zur Stadtverschönerung beiträgt: bei der Teichanlage im Volksgarten, beim Schwanenspiegel am Ständehaus und beim Kö-Graben auf der Königsallee.
Als das Dorf an der Düssel Ende des 19. Jhs. auf 200 000 Einwohner angewachsen war, fassten die Stadtväter übrigens eine Umbenennung ins Auge und plädierten für Düsselstadt. Die Bescheidenheit der Düsseldorfer vereitelte diesen Plan.

LITTLE TOKYO

Fernost oder Niederrhein? Wenn du dich bei der Reiseplanung nicht entscheiden kannst, ist Düsseldorf ein super Kompromiss. Die Landeshauptstadt NRWs ist nämlich das Zuhause der drittgrößten japanischen Gemeinde Europas. Über 8000 Japaner leben hier, viele von ihnen arbeiten in einem der zahlreichen japanischen Unternehmen mit Sitz in Düsseldorf. Und das zeigt sich auch im Stadtbild: Wer im Japanviertel in der Nähe des Hauptbahnhofs unterwegs ist, fühlt sich schnell wie in Klein-Tokio. Hier gibt es nicht nur erstklassige japanische Restaurants, sondern auch Lebensmittelmärkte, Einrichtungsgeschäfte oder Buchhandlungen. Und natürlich richtig gutes Sushi!
Wie es dazu kam? Zunächst waren es japanische Kaufleute, die sich ab den 50er-Jahren aufgrund der zentralen Lage Düsseldorfs im Ballungsraum Europa hier niederließen. Die Familien folgten nach und es bildete sich eine eigene Infrastruktur mit Einzelhandel, Banken, Ärzten, Schulen und Kindergärten, Industrie- und Handelskammer sowie Generalkonsulat. Diese rheinisch-japanische Freundschaft wird am alljährlichen Japantag besonders zelebriert. Highlight des immer im Mai oder Juni stattfindenden Megaevents sind neben Kimono-Anproben, Samuraishows und einem spektakulären Feuerwerk vor allem auch die Tausenden verkleideten Mangafans – Karneval 2.0, sozusagen.

WALK OF FAME

Warum ist eigentlich noch niemand auf die Idee gekommen, einen Walk of Fame für die Musiker und Künstler zu errichten, die im Lauf der Jahrhunderte in Düsseldorf gewirkt haben? Gäbe es ihn, könnte man darauf auf jeden Fall so einige Meter zurücklegen. Die Liste passender Namen ist

Lichtscheues Flüsschen: Hier am Stadtgraben zeigt sich die Düssel mal oberirdisch

lang und reicht von Joseph Beuys über Felix Mendelssohn Bartholdy bis zu Gustaf Gründgens. Sogar ein eigener kunsthistorischer Begriff wurde in der Stadt am Rhein geprägt: Die „Düsseldorfer Malerschule" umfasst etwa 4000 Künstler, die in der Zeit von 1819 bis 1918 im Umfeld der Königlich-Preußischen Kunstakademie in Düsseldorf ausgebildet wurden. Bis heute sind Gemälde von Julius Hübner, Ernst Deger oder Ludwig Knaus bei Sammlern heiß begehrt und bis heute studieren weiter viele kreative Köpfe im geschichtsträchtigen Neorenaissancebau der Kunstakademie.

Ob Neid auf den sagenhaften Erfolg der Düsseldorfer Maler ein Grund war, warum Robert Schumann 1854 versuchte, sich bei einem Sprung in den Rhein das Leben zu nehmen? Wohl kaum. Denn auch die klassische Musik hat seit jeher einen festen Platz in der Düsseldorfer Kulturszene. Um sich selbst davon zu überzeugen, steuert man am besten die spektakulär schöne Tonhalle an, in der pro Jahr mehr als 450 (nicht nur klassische) Konzerte stattfinden. Und noch zwei weitere Einrichtungen tragen zu Düsseldorfs Ruf als Musikstadt bei: An der Robert-Schumann-Musikhochschule werden Studenten aus rund 40 Nationen zu Profimusikern mit den Schwerpunkten Oper und Kirchenmusik ausgebildet. Und an der Clara-Schumann-Musikschule lernen über 10 000 Schüler Musikinstrumente, Chorgesang und Tanz. Siehst du, Schumann: Klassik lebt in Düsseldorf!

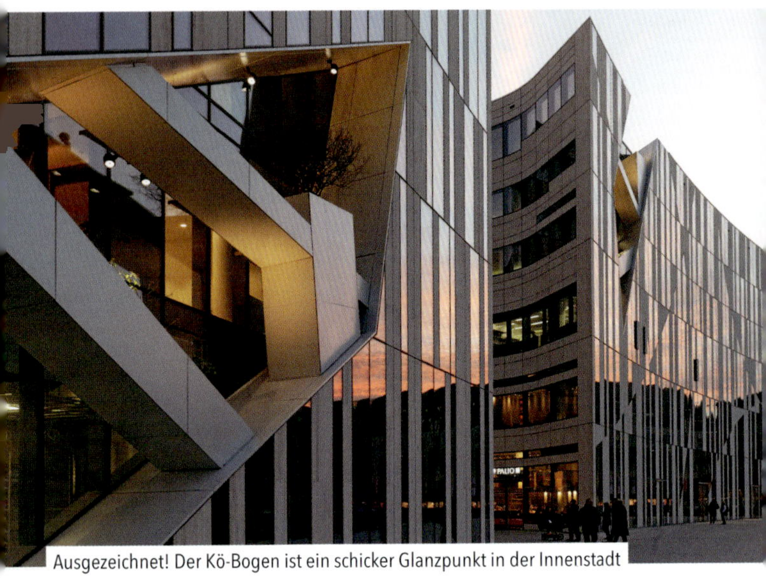
Ausgezeichnet! Der Kö-Bogen ist ein schicker Glanzpunkt in der Innenstadt

GLANZ UND GLAMOUR

In der Außenwahrnehmung wird Düsseldorf gern auf die Existenz der Königsallee und auf die dort einkaufenden und speisenden Kreise reduziert. Diese tummeln sich bevorzugt auch im Kö-Bogen: Das vom New Yorker Stararchitekten Daniel Libeskind entworfene Gebäude beherbergt neben Büroflächen zahlreiche Filialen internationaler Luxuslabels und wurde 2014 auf der Immobilienmesse MIPIM in Cannes als weltbestes Gebäude in der Kategorie Stadterneuerung ausgezeichnet.

Das architektonische Glanzstück verbindet Königsallee und Hofgarten und verleiht der Innenstadt zusammen mit der 2016 eröffneten Wehrhahn-Linie ein modernes Gesicht. Aushängeschild des U-Bahn-Teilstücks zwischen S-Bahnhof Wehrhahn und S-Bahnhof Bilk sind die hochmodernen und künstlerisch gestalteten Bahnhöfe, die sogar die New York Times begeistern: „Art and Magic in a German Metro", das gibt es nur in Düsseldorf. Doch die Stadt kann auch anders und macht sich jenseits der Touristenattraktionen herzlich wenig aus Glanz und Glamour. Ein Abstecher in die umliegenden Viertel lohnt sich darum allemal!

STADTBEKANNTE FLUGOBJEKTE

Wenn du dich in Düsseldorf als Tourist outen möchtest, ist das eigentlich ganz einfach. Versuch z. B., im Brauhaus ein Pils oder, je nachdem wie risikofreudig du bist, sogar ein Kölsch zu bestellen. Ruf im Karneval laut Alaaf (statt Helau). Oder deute mit offenem Mund staunend gen Himmel, wenn beim Einkaufsbummel plötzlich ein Schwarm knallgrüner Papageien über dich hinwegfegt.

Die farbenfrohen Halsbandsittiche, die in Düsseldorf längst zum Stadtbild gehören, sind nämlich für die meisten Besucher noch immer eine echte Sensation: Rund 1500 Exemplare der ursprünglich aus Asien und Afrika stammenden Exoten leben hier, vermutlich als Nachfahren entflogener Haustiere. Sie düsen im Tiefflug durch die Straßen und versammeln sich abends in großen Gruppen zum Schlafen in den Bäumen der städtischen Grünanlagen. Ihre bevorzugte Adresse ist aber (wer könnte es ihnen verübeln) die Königsallee. Doch hier haben sie nicht nur Fans: Anwohner und auf der Luxusmeile ansässige Händler und Gastronomen haben neben dem Radau, den die Sittiche veranstalten, vor allem mit ihren Hinterlassenschaften zu kämpfen. Von der Vergrämung mit Wasserstrahlen über abschreckende Beleuchtung bis zum Einsatz von Raubvögeln waren darum schon viele Maßnahmen im Gespräch, um die Kö-Papageien zum Umzug zu bewegen.

Sollten die federlosen Anlieger den skurrilen Nachbarschaftsstreit am Ende gewinnen, wäre die Königsallee zwar sauberer – aber auch um eine äußerst putzige Attraktion ärmer.

SCHIFF AHOI!

Ob schon einmal eine Möwe mit einem Halsbandsittich kollidiert ist? Möglich wär's – zumindest in Düsseldorf! Nur rund 600 m Luftlinie von der mondänen Königsallee entfernt, zeigt sich die Rheinmetropole nämlich von ihrer maritimen Seite. Als Großstadt am meistbefahrenen Strom der Erde ist Düsseldorf natürlich auch eine Ha-

KLISCHEE KISTE

PRUNK UND PROTZ

Vom Schönheitschirurgen glatt gebügelte Millionärsgattinnen mit auftoupierten Haaren stöckeln samt Chihuahua und Prada-Tasche unterm Arm über die Kö – das ist Düsseldorf! Oder? Nicht ganz. Denn die Stadt hat jenseits der bekannten Luxusmeile noch viel mehr zu bieten: rheinische Fröhlichkeit, rustikale Kneipen, eine spannende Kunst- und Kulturszene und angesagte Viertel mit hippem, Club Mate schlürfendem Publikum. Wer jetzt extra wegen der Schönen und Reichen nach Düsseldorf gekommen ist, kann aber beruhigt sein: Beim samstäglichen Schaulaufen auf der Königsallee zeigen die tatsächlich gern, was sie haben, und beweisen, dass das Schickimicki-Klischee auch nicht von ungefähr kommt.

EWIGE RIVALEN

Düsseldorfer können Kölner nicht ausstehen? Da ist zum Teil was dran: Die bis ins Mittelalter zurückreichende „Feindschaft" der nur 40 km voneinander entfernten Städte wird bis heute – mal mehr, mal weniger augenzwinkernd – zelebriert. Die rheinische Rivalität zeigt sich im Fußball, beim Bier (Alt vs. Kölsch) und nicht zuletzt im Karneval. Wenn in Düsseldorf jemand über die „verbotene Stadt" spricht, weiß hier jeder, welche gemeint ist.

Ein Typ mit Sinn fürs Schöne: Als Statue hat Jan Wellem seine Stadt noch heute im Blick

fenstadt. Der allererste Hafen bestand dabei lediglich aus einem einzigen kleinen Becken im Herzen der Altstadt, das in den 80er-Jahren wieder freigelegt und rekonstruiert wurde.
Heute prägt vor allem der Medienhafen mit seinem besonderen Flair das Bild der Stadt: Der Mix aus denkmalgeschützten Kaimauern, Pollern und schmiedeeisernen Toren auf der einen und den modernen Gehry-Bauten, exquisiter Szenegastronomie und schicken Clubs auf der anderen Seite, macht ihn zum absoluten Besuchermagneten. Wer genug von umherbummelnden Landratten hat, wird aber auch glücklich: Am Rheinufer auf Höhe der Kasematten legen regelmäßig Ausflugsschiffe ab. Neben Panoramarundfahrten stehen Touren nach Duisburg, Köln, Kaiserswerth und zur Feste Zons auf dem Programm – natürlich mit reichlich Altbier an Bord.

HEINRICH HEINE

Eine Straße im Zentrum, eine U-Bahn-Station und die Universität tragen seinen Namen. Die Düsseldorfer sind stolz auf Heinrich Heine, den berühmtesten Sohn ihrer Stadt. Dessen Leben und Werk werden von Wissenschaftlern an einem eigens dafür geschaffenen Institut erforscht. Ein Düsseldorfer Ehepaar kümmert sich sogar um die Pflege des Loreley-Brunnens in New York. Dieser sollte eigentlich als Geschenk von Kaiserin Elisabeth von Österreich am Rhein seinen Platz finden. Doch früher konnte dort von Liebe zu dem Poeten keine Rede sein – den Brunnen wollte man nicht haben, ging zu dem Juden und kritischen Geist auf Distanz.

Als Düsseldorf 2022 den 225. Geburtstag des Literaten feierte, lag der letzte Zoff um den Dichter einige Jahrzehnte zurück: Erst nach massiven Protesten hatten die Studenten die Benennung der Düsseldorfer Hochschule nach Heine durchsetzen können. In seinem Geburtshaus in der Bolkerstraße 53 befindet sich heute das Literaturhaus mit Veranstaltungsräumen, einer Buchhandlung und einem Restaurant. Wetten, dass Heinrich Heine sich darüber freuen würde?

ALLES AUS LIEBE

Einige der berühmtesten Düsseldorfer Kinder sind *Die Toten Hosen*. Die Band feierte 2022 ihr 40-jähriges Jubiläum – und gleichzeitig auch den Titel für die meisten Nummer-eins-Alben in den deutschen Charts. Damit verwiesen sie sogar die Beatles auf die hinteren Plätze. Gut für Düsseldorf, dass die Jungs in all den Jahren immer wieder ihre große Liebe zur Heimatstadt betont haben – und zum Fußballverein Fortuna Düsseldorf, den sie häufig finanziell unterstützten. Zeitweilig waren sie mit ihrem Totenkopf-Logo sogar Trikotsponsoren des Clubs. Und selbst über den Tod hinaus wollen sie ihrer Stadt treu bleiben: Auf dem denkmalgeschützten Südfriedhof haben die Hosen als letzte Ruhestätte für sich und ihre Wegbegleiter ein Familiengrab für 17 Personen gemietet.

IDER-TIPP
n aller Stille

JAN WELLEM

Das Standbild des Kurfürsten steht bis heute auf dem Marktplatz. Johann Wilhelm, so sein richtiger Name, war zwar kein erfolgreicher Politiker, doch sein prunkvoller Lebensstil imponierte den Bürgern. Der Rubens-Sammler galt als Mäzen internationaler Künstler. Doch mit seinem Tod 1716 war der Glanz vorbei: Jan Wellem hatte auf Pump genossen. Düsseldorf war pleite, musste seine 383 Straßenlaternen aus Kostengründen wieder ausknipsen. Immerhin verblieb die Rubens-Sammlung in der Stadt – bis Napoleon Gefallen an ihr fand.

#MEDIA

Düsseldorf ist eine der Medienmetropolen in Deutschland. Neben zahlreichen Unternehmen der Telekommunikationsbranche (u. a. Vodafone, Huawei und Fujifilm) sind auch viele namhafte und erfolgreiche Werbeagenturen hier ansässig. Kein Wunder, das kreative Umfeld sowie die ausgezeichnete Infrastruktur mit Filmproduktionsfirmen, Ton- und Grafikstudios, Modelagenturen und Druckereien bieten ideale Arbeitsbedingungen. Beliebtester Hotspot für die kreativen Köpfe der Branche ist natürlich der Medienhafen. Und das ist kaum zu übersehen: Das meistgetragene Accessoire der Gäste in Cafés und Restaurants ist hier der Laptop mit Apfel-Emblem. Damit das auch künftig so bleibt, sorgt Düsseldorf mit einem breiten Bildungsangebot für Nachwuchs und bietet Studiengänge im Bereich Medien und Kommunikation sowohl an der Heinrich-Heine-Universität als auch an verschiedenen Hochschulen wie der FOM oder der HS Fresenius.

SIGHT SEEING

Besucher, die zum ersten Mal herkommen, haben nicht selten viele Vorurteile im Gepäck: Die einen erwarten Luxus, Oberflächlichkeit und viel Chichi, die anderen Junggesellenabschiede und wilde Partys an der längsten Theke der Welt.

Umso überraschter sind die meisten, wenn sie entdecken, dass Düsseldorf weit mehr zu bieten hat als Altstadt und Königsallee – die Stadt entpuppt sich bei genauerem Hinsehen als echte Wundertüte! Neben den klassischen Sehenswürdigkeiten wie Rheinturm, Rathaus oder Rheinuferpromenade im Zentrum gibt es auch in den an-

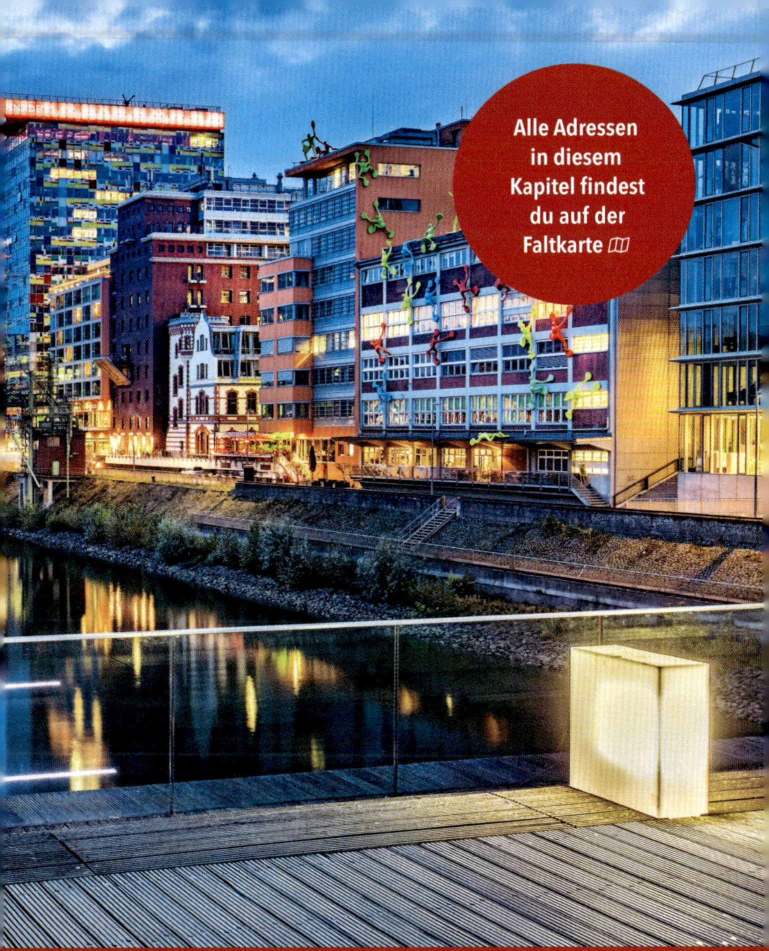

Alle Adressen in diesem Kapitel findest du auf der Faltkarte

(Bau-)Kunst am Wasser: Am Medienhafen spiegelt sich das 21. Jh.

grenzenden Vierteln viel zu entdecken: Das schicke Oberkassel mit seinen alten Stadtvillen ist ebenso eine Erkundungstour wert wie das hippe Flingern oder das urbane, von Studenten bevölkerte Bilk. Wer hier durch die Straßen bummelt, findet einen knisternden Mix aus rheinischer Lebensart und multikulturellen Vibes.

Aber auch Gelegenheiten für einen ausgedehnten Spaziergang gibt es genug. Der Rhein windet sich in einer großen Krümmung durch die Stadt und sorgt zusammen mit den rund 30 Parkanlagen dafür, dass auch Outdoorfans hier glücklich werden.

DIE STADTVIERTEL IM ÜBERBLICK

MARCO POLO HIGHLIGHTS

★ **KUNSTSAMMLUNG NRW K20 & K21**
Moderne Kunst in der Düsseldorfer Altstadt ➤ S. 35, 38

★ **JAN-WELLEM-REITERSTANDBILD**
Das älteste Standbild in der Stadt zeigt den Kurfürsten hoch zu Ross ➤ S. 41

★ **KÖNIGSALLEE (KÖ)**
Exklusiver Shoppingboulevard ➤ S. 43

★ **HOFGARTEN**
Relaxen in Düsseldorfs altem Lustgarten ➤ S. 44

★ **NORDPARK**
A walk in the park ... ➤ S. 51

★ **AQUAZOO LÖBBECKE MUSEUM**
Wunderbare Wasserwelten ➤ S. 52

★ **RHEINTURM**
Verschafft den besten Überblick über die Stadt, an klaren Tagen reicht die Sicht bis zum Kölner Dom ➤ S. 54

★ **NEUER ZOLLHOF**
Expressive Bauten des Architekten Frank O. Gehry ➤ S. 55

★ **KAISERSWERTH**
Zahlreiche schöne Winkel in der alten Pfalz entdecken ➤ S. 55

★ **SCHLOSS BENRATH**
Ein Must-see für jeden Hobbygärtner ist diese spätbarocke Schlossanlage ➤ S. 60

★ **NEANDERTHAL-MUSEUM**
Zeitreise in die Vergangenheit – direkt am Fundort des berühmten Urmenschen ➤ S. 61

Kaiserwerth
Rather Kreuzweg
NÖRDLICH DER STADTMITTE S. 49
Lust auf einen Tag im Park? Der grüne Norden ist die beste Ecke für Spaziergänge
Sankt-Franziskus-Straße
Heinrich-Ehrhardt-Str
MÖRSENBROICH
Ulmenstraße
Brehmstraße
Heinrichstraße
Münsterstraße
Jülicher Straße
Neanderthal-Museum
Klever Straße
DERENDORF
Zoopark
Prinz-Georg-Straße
Toulouser Allee
DÜSSELTAL
PEMPELFORT
Lindemannstraße
STADTMITTE S.42
Vom Hofgarten über die Kö nach Little Tokyo: Mehr Abwechslung geht nicht
Grafenberger Allee
Kunstsammlung Nordrhein-Westfalen K20
Hofgarten
Kölner Straße
FLINGERN
Königsallee
Jan-Wellem-Reiterstandbild
STADTMITTE
Oststraße
Kasernenstraße
Düsseldorf Hauptbahnhof
Kölner Straße
Werdener Straße
Kunstsammlung Nordrhein-Westfalen K21
Ronsdorfer Straße
Friedrichstraße
Corneliusstraße
Hüttenstraße
Kruppstraße
Schloss Benrath
UNTERBILK
Volksgarten
500 m
547 yd

ALTSTADT & CARLSTADT

Die beiden kleinsten Stadtteile Düsseldorfs, die Altstadt und die Carlstadt, sind der erste Anlaufpunkt für Touristen.
Hier findest du den historischen Stadtkern, die bekannte „längste Theke der Welt", Shoppingmöglichkeiten, elegante, jahrhundertealte Häuser und die wunderschöne Rheinuferpromenade.

Das Schöne: Düsseldorf ist mit rund 217 km² eigentlich eine Minigroßstadt und alle Ziele sind schnell und einfach zu erreichen. Wer mit der U-Bahn fährt, sollte an jeder Station der Wehrhahn-Linie (s. S. 37) einen Stopp einlegen – sie sind einzigartige Kunstprojekte, die über Bild und Klang in fremde Welten entführen. Und wer weiß, in welche realen Welten es dich von da aus verschlägt?
Falls du in der Altstadt landest, kannst du deine Kunstreise gleich fortsetzen. Auf der sogenannten Kunstachse zwischen Museum Kunstpalast und dem Kunstmuseum im Ehrenhof, der Akademie, der Kunstsammlung und der Kunsthalle erlebst du in den Ausstellungen auf kurzen Wegen unterschiedliche Stile vieler Epochen.

WOHIN ZUERST?

Der ideale Ausgangspunkt ist der **Burgplatz** *(🕮 D9)*. Von hier aus kann man den Blick über die Rheinuferpromenade und den Fluss selbst, über den Stadtteil Oberkassel und bis zum Medienhafen schweifen lassen. In der Altstadt warten die Kunstsammlung, das Rathaus, St. Lambertus und vieles mehr. Die Parkhäuser am Ratinger Tor, am Grabbeplatz, am Carlsplatz und an der Heinrich-Heine-Allee sind gut ausgeschildert. Mit der U- oder Straßenbahn fährt man bis zur Haltestelle Heinrich-Heine-Allee, die von vielen Linien angefahren wird.

1 BURGPLATZ

Stimmungsvoll, belebt, urban: Der Burgplatz in der Altstadt im Schatten des Schlossturms ist für die Düsseldorfer das, was für die Italiener die Piazza ist. Bei gutem Wetter kann man hier unter freiem Himmel essen oder sich auf die breite Ufertreppe setzen, um den Blick auf den Rhein oder den Sonnenuntergang zu genießen. Seit der Verkehr der Rheinuferstraße in einen Tunnel verbannt wurde, trennt nichts mehr den Burgplatz vom Fluss. Er ist daher der ideale Ausgangspunkt für Spaziergänge auf der neuen Rheinpromenade, die u. a. an einem freigelegten Becken des alten Hafens vorbeiführt. Vor allem an den Wochenenden scheint jeder Düsseldorfer auf den Beinen zu sein, um die Rückkehr der Stadt an ihren Fluss zu feiern.
U-Bahn Heinrich-Heine-Allee | 🕮 b3

2 RADSCHLÄGERBRUNNEN

Die Radschläger sind das Symbol Düsseldorfs, auch wenn sie heute, außer

Beim Schlossturm am Burgplatz: Nett unter Bäumen sitzen mit dem Rhein ums Eck

beim jährlichen Wettbewerb und als Schokoladen- und Marzipanfiguren, eher selten zu sehen sind. Die 1954 von Alfred Zschorsch entworfene Plastik erinnert an die Zeiten, als die Jungen noch eifrig das Rad schlugen und die Zuschauer um „eene Penning" als Belohnung baten – was selbst damals nicht wörtlich gemeint war. *Burgplatz | U-Bahn Heinrich-Heine-Allee |* *b3*

3 SCHIFFFAHRT-MUSEUM IM SCHLOSSTURM

Nicht nur für Hobbyschiffer ist dieses Museum interessant. Rund 120 Modelle geben einen vollständigen Überblick über die Geschichte der Binnenschifffahrt. Untergebracht ist diese Sammlung im Schlossturm, dem letzten noch erhaltenen Teil des alten Düsseldorfer Schlosses. Einen hervorragenden Panoramablick auf die heutige Schifffahrt bietet das *Café Laterne* in der obersten Etage des Turms. Von hier aus kannst du bei italienischen Kaffee- und Kuchenspezialitäten das Treiben rund um Rhein und Altstadt beobachten. *Di–So 11–18 Uhr | Eintritt 3 Euro | Sonderführungen mit Themenschwerpunkten nach Vereinbarung | Burgplatz 30 | Tel. 0211 8994195 | freunde-schifffahrtmuseum.de | U-Bahn Heinrich-Heine-Allee | 30 Min. |* *b3*

4 STADTERHEBUNGS-MONUMENT

1988 stiftete der Heimatverein „Düsseldorfer Jonges" zum 700-jährigen Stadtjubiläum das große Stadterhebungsmonument, das der Bildhauer Bert Gerresheim schuf. Düsseldorf verdankt seine Erhebung zur Stadt der Teilnahme an der Schlacht bei Worringen, einer der schrecklichen Metzeleien des Mittelalters. Symbole dieser Schlacht – Helme, Brustpanzer und der Reitende Tod – scheinen die Plastik auf

ALTSTADT & CARLSTADT
Altestadt
1
Sankt Lambertus 6
Kunstsammlung Nordrhein-Westfalen K20 10
Grabbeplatz
9 Kunsthalle
Schifffahrt-Museum im Schlossturm 3
4 Stadterhebungsmonument
8 Sankt Andreas
2 Radschlägerbrunnen
7 Mahn- und Gedenkstätte Düsseldorf
1 Burgplatz
Schloßufer
Mertensgasse
Neustraße
Heinrich-Heine-Allee
Elberfelder Str.
5 Akademie-Galerie
25 Rathaus
Bolkerstraße
Rhein
24 Jan-Wellem-Reiterstandbild
Rheinwerft
Zollstraße
23 Schneider Wibbel
U
Flinger Straße
Carsch-Haus 11
Berger Straße
Wallstraße
Rathausufer
12 Auseinandersetzung
20 Filmmuseum
22 Senfmuseum
21 Hetjens-Museum/Deutsches Keramikmuseum
Königsallee
Citadellstraße
Markt am Carlsplatz 13
14 U-Bahnhof Benrather Straße
Benrather Straße
U
Bäckerstraße
15 Palais Wittgenstein
16 Heinrich-Heine-Institut
19 Stadtmuseum
Breite Straße
Südliche Düssel
Bastionstraße
Mannesmannufer
Berger Allee
Poststraße
Bilker Straße
Hohe Straße
Kasernenstraße
1
Carlstor
Schwanenmarkt
Graf-Adolf-Platz
17 Heinrich-Heine-Denkmal
Haroldstraße
U
Rheinkniebrücke
Schwanenspiegel
Kavalleriestraße
Wasserstraße
Elisabethstraße
Friedrichstraße
Adersstraße
Kaiserteich
Luisenstraße
100 m
109 yd
Kunstsammlung Nordrhein-Westfalen K21 18

den ersten Blick zu beherrschen. Schaut man aber genauer hin, entdeckt man viele weitere Einzelheiten und Zitate, die die Geschichte Düsseldorfs in vielen Facetten und kleinen Anekdoten widerspiegeln. Sie zu erkennen ist nicht ganz einfach – für einen Auswärtigen schon gar nicht. Da präsentiert sich stolz der Bergische Löwe neben den Marktkarren, die ein Hinweis auf das 1288 erworbene Marktrecht sind; die Lippische Rose ist das Wappenzeichen eines der Adelshäuser, die an der Schlacht beteiligt waren, aber auch Symbol für ein friedliches Aufblühen von Stadt und Land. Vier Päpste sehen aus einem Fensterausschnitt und verweisen auf die Bedeutung der Religion für die Stadt, u. a. als Wallfahrtsort. Eine Bronzetafel gibt (stark gekürzt) den Text der Stadterhebungsurkunde wieder.

So gibt es noch zahlreiche weitere Bilder. Man muss das Monument „lesen": von links nach rechts wie die Seite eines Geschichtsbuchs, aber auch wie historische Schichten von unten nach oben.

SIDER-TIPP
ie Abkürzung nehmen

Wer keine Lust auf Rätselraten hat, bekommt im Rathaus eine Broschüre mit Erklärungen und Infos zur Entstehung des Monuments. *Burgplatz | U-Bahn Heinrich-Heine-Allee |* *b3*

5 AKADEMIE-GALERIE

Das altehrwürdige Gebäude am Burgplatz war einst der Sitz der Kunstgewerbeschule. Heute ist es als Akademie-Galerie zum Treffpunkt der Düsseldorfer Kunstszene avanciert. In Ausstellungsräumen werden Werke der Professoren und bekannten Absolventen der Kunstakademie präsentiert. Zu den Künstlern zählen z. B. Ewald Mataré, Bruno Goller, Erwin Heerich, Markus Lüpertz und Joseph Fassbender. Das Archiv stellt unter dem Motto „Die Neue Sammlung" Nachlässe der Lehrenden und Informationen über sie zusammen und ist Interessierten zugänglich. Aktuelle Ausstellungstermine werden auf der Website angekündigt. *Burgplatz 1 | kunstakademie-duesseldorf.de | U-Bahn Heinrich-Heine-Allee |* *b3*

6 SANKT LAMBERTUS

Auch Düsseldorf hat einen schiefen Turm, den Kirchturm von Sankt Lambertus. Mit seiner verformten Spitze macht er die Skyline von Burgplatz und Rheinuferpromenande unverwechselbar. Der Küster erklärt die Schieflage so: Das Holz sei beim Bau noch feucht gewesen und habe sich dann beim Trocknen verzogen, sodass der Turm leicht verdreht aussehe.

Auf den Resten einer romanischen Vorgängerin erbaut, folgte die Pfarrkirche 1288, als das Dorf an der Düssel zur Stadt erhoben wurde, dessen Karriere und wurde in ein Kanonikerstift umgewandelt. 1394 erhielt sie ihre heutige Gestalt. Drinnen kannst du neben vier Altären der Düsseldorfer Zünfte auch das Sakramentshaus bestaunen – mit seinen Figuren und Ornamenten das wertvollste Kunstwerk der Kirche.

Wirf auch einen Blick auf die lustigen Miserikordien an der Unterseite der Klappsitze im Chorgestühl, z. B. auf den Bauern, der sich eine Scheibe vom Schwein abschneidet. *Kostenlose Führungen durch die Kirche und zum Kirchenschatz am letzten Sa im Monat (außer Juli, Dez.) 11 Uhr* | Stiftsplatz in der Altstadt | Tel. 0211 3004990 | lambertuspfarre.de | U-Bahn Heinrich-Heine-Allee | b2

der und Jugendliche im Nationalsozialismus"; Wechselausstellungen zu Spezialthemen ergänzen die Dokumentation. *Di–Fr, So 11–17, Sa 13–17 Uhr | Eintritt frei | Mühlenstr. 29 | gedenkstättedüsseldorf.de | U-Bahn Heinrich-Heine-Allee | 1 Std. |* b3

Sticht ins Auge: Das Wandbild „Hornet" vor dem Museum K20 am Paul-Klee-Platz

7 MAHN- UND GEDENKSTÄTTE DÜSSELDORF

1987 wurde die dokumentarische Ausstellung über die Verfolgung und Ermordung von Juden, Kommunisten, Sinti und Roma in Düsseldorf während des Nationalsozialismus eingerichtet. Der Ort ist nicht willkürlich gewählt: 1933 und 1934 waren hier die Zellen der Polizei, in denen politische Gefangene saßen. Später diente das Gebäude der Wehrmacht. Die Dauerausstellung heißt „Düsseldorfer Kin-

8 SANKT ANDREAS

Die ehemalige Jesuiten- und Hofkirche passt mit ihrem heiter-gelben Anstrich gut ins Ambiente der Altstadt. Sie gehört zu den kunsthistorisch interessantesten Kirchen aus der Übergangszeit von der Renaissance zum Barock und markiert damit einen wichtigen Stilwandel. Angelegt ist sie nach dem Vorbild der Jesuitenkirche in Neuburg a.d. Donau. Beide hat Pfalzgraf Wolfgang Wilhelm errichten lassen, der seine Residenz von Neuburg nach Düsseldorf verlegte. In Sankt Andreas befindet sich das Mausoleum von Jan Wellem. Der im Krieg zerstörte Altar wurde durch einen neuen von Ewald Mataré ersetzt – in der barocken Umgebung wirkt er geradezu bizarr. *Andreasstr. 27 | U-Bahn Heinrich-Heine-Allee | c3*

9 KUNSTHALLE

Die Kunsthalle, ein klobiger Bau aus den 1960er-Jahren, beherbergt auch den Kunstverein für die Rheinlande und Westfalen. Eine eigene Sammlung gibt es nicht, dafür Wechselausstellungen berühmter Maler der klassischen Moderne. An der Seitenfront stehen vier Monumentalskulpturen griechischer Göttinnen. Der „Habakuk", die Vergrößerung einer Plastik von Max Ernst, bewacht den Eingang.

SIDER-TIPP
Kunst für lau!

Jeden zweiten Sonntag im Monat drückt der aber beide Augen zu – dann ist Familientag und der Eintritt frei! *Di–So 11–18 Uhr | Eintritt 6 Euro | Grabbeplatz 4 | kunsthalle-duesseldorf.de | U-Bahn Heinrich-Heine-Allee | 1–2 Std. | c3*

10 KUNSTSAMMLUNG NORDRHEIN-WESTFALEN K20 ★

Das K20 ist der Star unter den Kunstsammlungen! Den Grundstock moderner Kunst bilden 88 Gemälde von Paul Klee, die die Landesregierung Nordrhein-Westfalens 1960 aus amerikanischem Privatbesitz kaufte. Das war auch eine Art Wiedergutmachung dem Maler gegenüber, der an der Düsseldorfer Kunstakademie gelehrt hatte und Deutschland 1933 verlassen musste. In den 1960ern konnten durch eine Spende in Höhe von 15 Mio. D-Mark des WDR viele Bilder moderner Künstler erworben werden. 1986 wurde der von einem Kopenhagener Architektenbüro entworfene Museumsbau eingeweiht.

Die Bestände werden in zwei Abteilungen präsentiert. Die erste mit der Kunst vor 1945 zeigt die wichtigsten Strömungen der Moderne. Dort sind Werke von Pablo Picasso, Max Ernst, Salvador Dalí, Wassily Kandinsky, Henri Matisse und anderen zu sehen. Die zweite Abteilung umfasst die Kunst nach 1945 und zeigt bedeutende Vertreter amerikanischer Richtungen und des europäischen abstrakten Expressionismus. Dazu gibt es hochkarätige Ausstellungen zu verschiedenen Themen und Künstlern. *Di–So 11–18 Uhr, 1. Mi im Monat bis 22 Uhr | Eintritt Sammlung 9 Euro, inkl. Ausstellung 14 Euro, Kombiticket mit dem Ständehaus (K21) 20 Euro; 1. Mi im Monat ab 18 Uhr Eintritt frei | Grabbeplatz 5 | kunstsammlung.de | U-Bahn Heinrich-Heine-Allee | 2 Std. | c2*

11 CARSCH-HAUS

Das Carsch-Haus hat im wahrsten Sinne des Wortes eine bewegte Vergangenheit: Ursprünglich befand es sich nämlich 20 m vom heutigen Standort entfernt. Durch den U-Bahn-Bau musste der Heinrich-Heine-Platz umgestaltet werden, und das 1915 als Kaufhaus für Herrenkleidung eröffnete Gebäude stand im Weg. Doch gegen einen Abriss des eleganten, von der Kaufmannsfamilie Carsch im neoklassizistischen Stil errichteten Gebäudes erhoben die Denkmalschützer heftigen Einspruch. Nach langen Diskussionen einigte man sich schließlich mit dem damaligen Eigentümer, der Horten AG, auf eine sogenannte Translozierung. Stück für Stück wurden die Teile der von Jugendstilelementen geprägten Fassade abgetragen, nummeriert und konserviert. Die Fassadenteile setzte man dann auf den Neubau.

Und der Wandel geht weiter: Anfang 2023 gab es den Spatenstich für eine umfassende Renovierung und die Gestaltung eines neuen Lichthofs auf dem Platz. *Heinrich-Heine-Platz 1 | U-Bahn Heinrich-Heine-Allee |* *c3*

12 AUSEINANDERSETZUNG

Kunst zum Mitreden! Die beiden Streithähne des Düsseldorfer Bildhauers Karl-Henning Seemann stehen nicht auf einem Sockel, sondern ebenerdig mitten in der Altstadt und zanken sich. Wer die zwei zum ersten Mal sieht, will gleich Partei ergreifen. *Mittelstr./Grabenstr. | U-Bahn Heinrich-Heine-Allee |* *b3*

13 MARKT AM CARLSPLATZ

Der Carlsplatz ist das quirlige und bunte Herz der Carlstadt und der beste Ort für schnelles Streetfood oder ausgedehnte Shoppingtouren. Auf dem Markt (dem ältesten und schönsten der Stadt) bieten rund 60 Händler an sechs Tagen in der Woche ihre Waren an. 7000 m^2 voller Käse und Wurst, Obst und Gemüse, Brötchen, Kaffee, Torten, Eis, Bonbons, Backfisch, Reibekuchen, Currywurst ... Klingt nach Schlaraffenland? Ist es auch!

Instagram-taugliches Schlender- und Schlemmerparadies: der Markt am Carlsplatz

Unbedingt probieren: die köstlichen Falafel von *Tonde!* *Mo–Fr 8–18, Sa 8–16 Uhr | carlsplatz-markt.de | U-Bahn U71–73, U83 Benrather Straße | b3–4*

14 U-BAHNHOF BENRATHER STRASSE

Unter- oder außerirdisch? An der Station Benrather Straße verschwimmen die Grenzen zwischen oben und unten. Per Rolltreppe geht's hinab in eine von Thomas Stricker gestaltete Raumstation mit Wänden aus Edelstahl und Panoramafenstern, die den Blick ins 3-D-animierte Weltall eröffnen. Der U-Bahnhof ist Teil der 3,4 km langen Wehrhahn-Linie, an deren sechs Stopps dich jeweils ein künstlerisches, interaktives oder klangliches Erlebnis erwartet. Lass dir also auch die anderen Stationen nicht entgehen: Kirchplatz, Graf-Adolf-Platz, Heinrich-Heine-Allee, Schadowstraße, Pempelforter Straße. *wehrhahnlinie-duesseldorf.de | U-Bahn U71–73, U83 Benrather Straße | c4*

15 PALAIS WITTGENSTEIN

Das schöne Barockgebäude wurde Anfang des 19. Jhs. für einen Weinhändler erbaut. Heute finden darin Kammerkonzerte und Vorträge statt; außerdem ist das *Institut Français* hier untergebracht. Im Hinterhof befindet sich das *Marionettentheater* (s. S. 98). *Bilker Str. 7–9 | U-Bahn U71–73, U83 Benrather Straße | b4*

16 HEINRICH-HEINE-INSTITUT

Wer mehr über Heinrich Heine erfahren will, ist hier richtig: Das Institut dokumentiert wichtige Stationen im Leben des Dichters und seiner Arbeit. Neben Vertonungen der Werke sowie Auseinandersetzungen moderner Künstler mit Heine befinden sich hier auch fast die Hälfte aller existierenden Heine-Autografen. Diverse Veranstaltungen und Wechselausstellungen sollen die Verbundenheit der Düsseldorfer mit ihrem berühmten und nicht immer geliebten Mitbürger stärken.

Das Institut betreut außerdem ein rheinisches Dichter- und Komponistenarchiv, das aus Nachlässen bzw. Handschriften u. a. von Christian Dietrich Grabbe, Karl Immermann, Robert Schumann und Felix Mendelssohn Bartholdy besteht. Wer spät kommt, spart: Sonntags und ab 16 Uhr ist der Eintritt frei. *Di–Fr, So 11–17, Sa 13–17 Uhr | Eintritt 4 Euro | Bilker Str. 12–14 | duesseldorf.de/heineinstitut | U-Bahn U71–73, U83 Benrather Straße | 1 Std. | b4*

17 HEINRICH-HEINE-DENKMAL

Heinrich Heine ist einer der wohl berühmtesten Düsseldorfer und musste doch bis 125 Jahre nach seinem Tod warten, um in der Stadt ein Denkmal gesetzt zu bekommen.

Dabei wollte Kaiserin Elisabeth von Österreich als riesiger Heine-Fan schon 1887 eine Statue zu Ehren des Dichters spenden. Doch dem geschenkten Gaul schaute man am Rhein sehr wohl ins Maul: Eine nationalistisch-antisemitische Hetzkampagne im Preußen der Hohenzollern gegen das Geschenk der Habsburger und den „nestbeschmutzenden" Dichter bewirkte, dass das Angebot später wieder zurückgezogen wurde.

Auch Anfang des 20. Jhs. konnte sich die Stadt nicht dazu entschließen, ein Denkmal aufzustellen. Selbst die Proteste von Schriftstellern und Künstlern aus aller Welt, von Käthe Kollwitz über Selma Lagerlöf bis Maxim Gorki, bewirkten nichts. Aber mit dem Denkmalfonds, der anlässlich des Sissi-Geschenks eingerichtet worden war, konnte immerhin eine Heine-Sammlung erworben werden, die später zum Grundstock für das Heine-Institut wurde.

Erst 1981 schuf dann der Düsseldorfer Bildhauer Bert Gerresheim am Schwanenmarkt ein Monument, das auf unkonventionelle Weise die Zerrissenheit Heinrich Heines darstellt. Das provozierende Denkmal hat lebhafte Debatten ausgelöst und reiht sich in der Hinsicht in die Geschichte des Denkmalstreits ein. *Haroldstr. 26 | Straßenbahn 706, 708, 709, U-Bahn U71–73, U83 Graf-Adolf-Platz |* *b4*

18 KUNSTSAMMLUNG NORDRHEIN-WESTFALEN K21 ★

Das K21 im einstigen Ständehaus am Kaiserteich zeigt internationale Kunst seit den 1980er-Jahren, u. a. fotografische Arbeiten von Andreas Gursky, Candida Höfer, Thomas Struth, Jeff Wall und eine Videoinstallation von Eija-Liisa Ahtila. Rückblicke in die 1960er- und 1970er-Jahre werden mit Arbeiten von Marcel Broodthaers und Nam June Paik gemacht.

Bist du schwindelfrei? Dann solltest du die Rauminstallation von Tomás Saraceno besuchen: Eine drei Ebenen

umfassende Stahlnetzkonstruktion schwebt unter der riesigen Glaskuppel des K21 und darf betreten werden.

INSIDER-TIPP
Das Auge isst mit

Um den flauen Magen nach der Kletteraction wieder ins Lot zu bringen, lohnt ein Abstecher ins vom kubanischen Künstler Jorge Pardo designte Museumscafé *Pardo's* *(lemonpie.de | €€)* – unter 10 m hohen Decken und in einem einzigartigen Lichtkonzept schmeckt das Stück Kuchen hier gleich doppelt gut. *Di–So 11–18 Uhr, 1. Mi im Monat bis 22 Uhr | Eintritt Sammlung 9 Euro, inkl. Ausstellung 14 Euro, im Kombiticket mit der Kunstsammlung (K20) 20 Euro; 1. Mi im Monat ab 18 Uhr freier Eintritt | Ständehausstr. 1 | kunstsammlung.de | Straßenbahn 706, 708, 709, U-Bahn U71–73, U83 Graf-Adolf-Platz | 1–2 Std. |* *b5*

Glaskuppel auf altem Gemäuer kann Düsseldorf auch: Darunter hängt die Kunst des K21

19 STADTMUSEUM

Wie wäre es mit einer kleinen Zeitreise? Das Stadtmuseum bietet einen Rundgang durch die Düsseldorfer Geschichte von der Steinzeit bis zur Gegenwart. Durch die Ausgrabungen am Rheinort sind in jüngerer Zeit neue Funde hinzugekommen, u. a. eine Kuriosität: die Reste eines offenbar abrupt unterbrochenen Festmahls.

Düsseldorfs Zeit als Residenzstadt ist gut und mit zum Teil prächtigen Stücken dokumentiert. Der Schwerpunkt liegt aber auf dem Aufstieg zur Industrie- und Verwaltungsstadt von internationalem Format.

Gute Nachricht für alle Museumsmuffel: Hier wartet kein angestaubtes Archiv, sondern ein Ort, der auch durchaus provokante Fragen aufwirft. Häufig erklären die Kuratoren den Besuchern persönlich die historischen Stücke – und das kostenfrei. Infos zu wechselnden Ausstellungen, Vorträgen und Workshops gibt's auf der Website. *Di–So 11–18 Uhr | themenbezogene Einzel- und Gruppenführungen nach Absprache | Eintritt 4 Euro, Di–Sa ab 17 Uhr, So ganztägig Eintritt frei | Berger Allee 2 | Tel. 0211 8996170 | duesseldorf.de/stadtmuseum | Straßenbahn 706, 708, 709 Poststraße, U-Bahn U71–73, U83 Benrather Straße | 1 Std. | b4*

20 FILMMUSEUM

Uuund Action! Du kannst dich nicht zwischen Kino- und Museumsbesuch entscheiden? Dann mach doch einfach beides: Die aufwendig inszenierte, lebendige Dauerausstellung des Filmmuseums führt dich durch alle Jahrzehnte der Filmgeschichte. Zu sehen sind u. a. Originalkostüme der Stars, Requisiten sowie alte Kameras und Equipment. Wechselnde Sonderaus-

Schlaues Schneiderlein: der Wibbel

stellungen ergänzen das Programm. Das hauseigene Kino, die Black Box *(Eintritt 7 Euro | Kartenreservierung Tel. 0211 8992232)*, zeigt oft Filmklassiker und auch das im Dachgeschoss nachgebaute Filmstudio bringt einen Hauch Hollywood nach Düsseldorf. *Di–So 11–18 Uhr | Eintritt Museum 5 Euro, Di–Sa ab 17 Uhr, So ganztägig Eintritt frei | Schulstr. 4 | duesseldorf.de/filmmuseum | Straßenbahn 706, 708, 709 Poststraße, U-Bahn U71–73, U83 Benrather Straße | 1 Std. | b3*

21 HETJENS-MUSEUM/ DEUTSCHES KERAMIKMUSEUM

Vorsicht, zerbrechlich! Das Hetjens-Museum ist Deutschlands einziges Spezialmuseum und eines von vier Instituten weltweit, das die Keramiken aller Zeiten und Kulturen sammelt und erforscht. Die mehr als 10 000 Stücke umfassende Sammlung, von der nur Teile gezeigt werden, befindet sich in einem modernen Gebäude, in dem auch das Filmmuseum untergebracht ist. Im *Palais Nesselrode*, einem sehr schönen Barockbau nebenan, der unterirdisch mit dem Neubau verbunden ist, wird Keramik des 18. Jhs. präsentiert, alle anderen Exponate sind im neuen Haus zu sehen.

Der zeitliche Bogen reicht von 6000 v. Chr. bis zur Gegenwart. Schwerpunkte sind fernöstliche, islamische und mediterrane Keramik sowie Fayencen und Porzellan des Barock. Sonderausstellungen geben Einblicke in die Schatzkammern europäischer Fürstenhöfe, zeigen unkonventionelle Arbeiten junger Künstler oder stellen die verborgenen Schätze privater Sammlungen vor. Mal etwas anderes, oder? *Di, Do–So 11–17, Mi 11–21 Uhr | Eintritt 4 Euro, Di, Do–Sa ab 16, Mi ab 20 Uhr, So ganztägig Eintritt frei | Schulstr. 4 | duesseldorf.de/hetjens | Straßenbahn 706, 708,*

709 Poststraße, U-Bahn U71–73, U83 Benrather Straße | *1 Std.* | b3

22 SENFMUSEUM

Alles Wissenswerte über den beliebten Mostert erfährt man im Senfmuseum und -laden der Düsseldorfer Löwensenf GmbH. Das Personal ist hilfsbereit und beantwortet alle Fragen rund um die Heil- und Gewürzpaste. Experimentierfreudig? Dann nichts wie ran an das Senfkarussell: Hier können alle Geschmacksvarianten von Coconut-Curry bis Meerrettich probiert werden. *Mo–Do 10–14 und 15–19, Fr/Sa 10–19 Uhr* | *Eintritt frei* | *Berger Str. 29* | *Infos auf loewensenf.de unter „Löwenwelt" und „Düsseldorfer Senfladen"* | *U-Bahn Heinrich-Heine-Allee* | *30 Min.* | b3

INSIDER-TIPP
Senf dazugeben

23 SCHNEIDER WIBBEL

Das unermüdliche Schneiderlein an der Fassade der Schneider-Wibbel-Stuben ist eine Figur aus dem Theaterstück des Mundartdichters Hans Müller-Schlösser und zum Sinnbild rheinischer Schläue geworden. Wegen einer Beleidigung Kaiser Napoleons musste der Schneider ins Gefängnis, schickte aber an seiner Stelle den Gesellen. Der starb unglücklicherweise, und so glaubte alle Welt, der Wibbel wäre tot. Viele Verwicklungen ergaben sich nun daraus, dass der in Wahrheit quicklebendige Wibbel als verstorben galt. Sie nachzuerzählen, würde hier zu weit führen, jedenfalls nahm alles einen guten Ausgang. 1913 wurde das Stück uraufgeführt, bis heute wird es gespielt. Fünfmal am Tag, um 11, 13, 15, 18 und 21 Uhr, kommt eine Wibbel-Figur in einem Glockenspiel aus der Fassade und näht und näht. Einige Meter weiter sitzt ein Bronze-Wibbel, dem du ruhig mal ganz nah kommen kannst. Warum? Weil es angeblich Glück bringt, wenn man dem Wibbel übers Knie streicht! *Schneider-Wibbel-Gasse 5* | *U-Bahn Heinrich-Heine-Allee* | b3

INSIDER-TIPP
Glück zum Anfassen

24 JAN-WELLEM-REITERSTANDBILD ★

Es ist das älteste Denkmal in Düsseldorf und die einzige gegenständliche Erinnerung an Kurfürst Johann Wilhelm II., der dazu beitrug, dass die Stadt zu einem der kulturellen Zentren Europas aufstieg: Er förderte nicht nur die Künste und die Zünfte, sondern ließ auch herrliche Residenzbauten errichten, die es mit denen der großen Metropolen locker aufnehmen konnten. Sein Hofbildhauer Gabriel de Grupello schuf das Standbild 1711, es gilt als eine der herausragenden Barockstatuen nördlich der Alpen. Für die Düsseldorfer gehört Jan Wellem bis heute einfach dazu und ist von Karneval bis Weihnachtsmarkt immer mitten im Geschehen. Schon der kleine Heinrich Heine erklomm einst das Standbild, um das bunte Markttreiben zu beobachten. *Marktplatz* | *U-Bahn Heinrich-Heine-Allee* | b3

25 RATHAUS

In einem Komplex aus mehreren Gebäuden, darunter das *Grupello-Haus*

Soba, Udon, Ramen … Ein Supermarktbesuch in Little Tokyo ist wie eine Mini-Japanreise

und das alte Rathaus, gehen Politiker sowie Angestellte der Düsseldorfer Stadtverwaltung ihren Aufgaben nach. Die typisch niederrheinische Fassade des historischen Rathauses ist, seit es der Duisburger Maurermeister Heinrich Tußmann 1573 erbaute, nahezu unverändert geblieben. Das Gebäude selbst wurde Ende der 1950er-Jahre mit der ehemaligen kurfürstlichen Kanzlei zu einer Einheit umgebaut. Wirf bei einer Führung einen Blick hinter die Kulissen: Dabei kannst du nicht nur alte Gemälde betrachten, sondern auch aus erster Hand erfahren, wie hier Politik gemacht wird. *Führungen Mi ab 15 Uhr, Treffpunkt im Foyer, Dauer ca. 1½ Std. | Eintritt frei | Anmeldung unter Tel. 0211 8993131 | Marktplatz 2 | U-Bahn Heinrich-Heine-Allee | 1–2 Std. | b3*

STADTMITTE

Nicht nur die Kunst, auch Einkaufsboulevards wie die Königsallee locken Touristen aus aller Welt nach Düsseldorf. Ein Bummel durch die Stadtmitte verführt zum Shoppen und dazu, den Reichen und Schicken beim Kaufen zuzugucken.

26 ARCHEOPOINT

Indiana Jones lässt grüßen: Von Überresten der Festungsmauer aus dem 16. Jh. über kostbare Geschirrkeramik bis zum Stoßzahn eines 10 000 Jahre alten Mammuts (!) kamen beim Bau der Wehrhahn-Linie so einige schöne und skurrile Schätze zum Vorschein. Die historischen Fundstücke können im Archeopoint in der U-Bahn-Station Heinrich-Heine-Allee bewundert werden. Das kleine Museum zeigt auch einen Film mit spannenden Einblicken in die Düsseldorfer Stadtgeschichte. *Tgl. 10–18 Uhr | Eintritt frei | U-Bahn Heinrich-Heine-Allee, Eingang Kö-Ost, Corneliusplatz | 30 Min. |* *c3*

27 KÖNIGSALLEE ★

Königlich shoppen, das geht hier auf jeden Fall! Dabei war die Düsseldorfer Luxusmeile gar nicht immer nach dem König benannt, sondern hieß früher Kastanienallee. Und auch das Ambiente war ein anderes: Damals galt die Ecke keineswegs als gute Wohngegend, sondern als Randlage und war für Geschäfte nicht sehr lukrativ. Das hat sich jedoch im Lauf der Zeit vollkommen geändert. Im 19. Jh. entwickelte sie sich zu einer vornehmen Wohngegend und 1902 öffnete das erste Ladenlokal dort seine Türen.

Die Umbenennung der Kastanienallee war übrigens als Wiedergutmachung gedacht: Die Düsseldorfer Bürger hatten sich nämlich beim Besuch König Friedrich Wilhelms IV. eine – im Revolutionsjahr 1848 wohl verständliche – Entgleisung geleistet: Statt ihm zuzujubeln, bewarfen sie den hohen Herrn mit Pferdeäpfeln. Die Stadtväter waren aufs Peinlichste berührt und entschuldigten sich schriftlich. Zum Zeichen der nach wie vor bestehenden Treue zum König wurde die Kastanienallee dann in Königsallee umgetauft.

Die letzte Umwälzung hat die „Kö" erlebt, als im Zuge des U-Bahn-Baus eine Renovierung anstand. Der Bürgersteig wurde verbreitert und mit Granitplatten ausgelegt, Poller, Kioske und Straßenlaternen wurden auf altmodisch getrimmt. Die perfekte Kulisse für königliche Schaufensterbummel! *U-Bahn Heinrich-Heine-Allee oder Steinstraße/Königsallee |* *c3–5*

28 JAPANVIERTEL

Die Königsallee ist nicht die einzige besondere Flaniermeile Düsseldorfs: Nur wenige Hundert Meter vom Hauptbahnhof entfernt findest du im Japanviertel Shops und Lokale, für die man sich sonst wohl ins Flugzeug nach Tokio setzen müsste. Rund um Immermann- und Charlottenstraße gibt es von Karaokebars über Buchläden bis zu asiatischen Supermärkten für Japanfans und Neugierige viel zu entdecken. Einzigartig sind auch die japanischen Bäckereien im Viertel. Wo sonst kann man zur Kaffeepause authentische Yakisobapan (mit gebratenen Nudeln gefüllte Brötchen) genießen? *U-Bahn Oststraße oder Hauptbahnhof |* *d–e 3–4*

INSIDER-TIPP
Hotdog mal anders

29 DREI-SCHEIBEN-HAUS

Das Gebäude ist nach seinen drei parallel stehenden, großflächig verglasten Baukörpern benannt – drei Scheiben eben. 1956 bis 1960 von den Architekten Hentrich, Petschnigg und Partner erbaut, gilt es als Wahrzeichen des modernen Düsseldorf. Passend dazu kannst du im schicken *Phoenix Restaurant & Weinbar (Di–Fr 12–15, Di–Sa 18–23 Uhr | phoenix-restaurant.de | Tel. 0211 30206030 | €€€)* im Erdgeschoss stilvolle Sterneküche und edle Tropfen genießen. *Dreischei-*

benhaus 1 | Straßenbahn 701, 705, 706, U-Bahn U71–73, U83 Schadowstraße | d 2–3

30 DUMONT-LINDEMANN-ARCHIV/THEATERMUSEUM

Im ehemaligen Hofgärtnerhaus wird die traditionsreiche 400-jährige Theatergeschichte Düsseldorfs dokumentiert. Schon gewusst, dass das erste in Deutschland nachgewiesene opernhafte Singspiel, „Orpheus und Amphion", 1585 in Düsseldorf aufgeführt wurde? Das Dumont-Lindemann-Archiv, benannt nach den Gründern des Düsseldorfer Schauspielhauses, bildet den Grundstock des Theatermuseums. In wechselnden Ausstellungen erhältst du hier nicht nur Einblicke in die frühere und heutige Arbeit und das Leben am Theater, sondern kannst auf der Studiobühne auch selbst mitmischen: Aufführungen, Workshops oder Künstlergespräche stehen auf dem Programm. *Di–Do 11–17, Fr–So 11–19 Uhr | Eintritt 4 Euro, Di–Do ab 16, Fr/Sa ab 18 Uhr, So ganztägig Eintritt frei | Hofgärtnerhaus | Jägerhofstr. 1 | duesseldorf.de/theatermuseum | Straßenbahn 701, 705, 706, U-Bahn U71–73, U83 Schadowstraße | 1–2 Std. |* d2

31 GRÖNE JONG

Im Hofgartenweiher sitzt ein Triton und sprüht eine dicke, hohe Wasserfontäne in die Luft. Wegen seiner grünen Patina heißt er nur der „Gröne Jong" – wobei die Farbe immer dann ziemlich verblasst, wenn der Wasserhahn aus Sparsamkeit wieder einmal zugedreht wird. *Hofgarten | Straßenbahn 701, 705, 706, U-Bahn U71–73, U83 Schadowstraße |* d2

32 HOFGARTEN ★

Wer an sonnigen Tagen im Gras unter einem der alten Bäume im Hofgarten liegt, vergisst schnell, dass er sich noch immer mitten in der Stadt befindet. Die rund 28 ha große Anlage erstreckt sich vom Süden Pempelforts bis zum Kö-Bogen und bildet damit die perfekte Spazierstrecke von der Altstadt bis zur Tonhalle am Rheinufer. Und eine abwechslungsreiche noch dazu: Natürlich-wilde Wiesen treffen hier auf streng gefasste Beete und Formen im französisch-klassizistischen Stil, starre historische Denkmäler und moderne Skulpturen auf die schnatternden Bewohner des Weihers an der Landskrone. Der älteste öffentliche Park Deutschlands (der übrigens Vorbild für den Englischen Garten in München war) ist noch immer Treffpunkt, Spielplatz, Joggingstrecke und Erholungsort für Touristen und Einheimische zugleich.

Wer erst zu später Stunde den Park durchstreift, sollte unbedingt einen Abstecher zur Reitallee einplanen. Die auf das *Schloss Jägerhof* (s. Goethe-Museum S. 46) zulaufende Hauptachse des Hofgartens ist nicht nur von Linden gesäumt, sondern auch von den sogenannten Lichterbänken des Künstlers Stefan Sous. Die Parkbänke aus Leuchtstoffröhren tauchen den Hofgarten nach Anbruch der Dunkelheit in ein fast magisches Licht und sind ein super Fotomotiv. *Straßenbahn 701, 705, 706 Sternstraße, U-Bahn U71–73, U83 Schadowstraße |* c–d2

33 MALKASTENPARK

Versteckt liegt der Garten hinter dem *Malkasten*, dem Haus des Künstlervereins. Der historische Park ist ein gartenarchitektonisches Highlight und steht unter Denkmalschutz. An der Nordseite befindet sich das nach Kriegszerstörung wiederaufgebaute Haus der Brüder Jacobi, Söhne einer wichtigen Düsseldorfer Fabrikantenfamilie. Friedrich Heinrich Jacobi war außerdem ein kluger Kopf und pflegte Kontakt mit der A-Liga aus Philosophie und Dichtung. So wandelte er schon mit Goethe, Wieland und Diderot durch seinen zauberhaften Garten. Dieser wurde als Landschaftsgarten nach holländischen und englischen Vorbildern angelegt und war schon damals als kleines Paradies bekannt. Seitdem hat der Malkastenpark nichts von seinem märchenhaften Charme

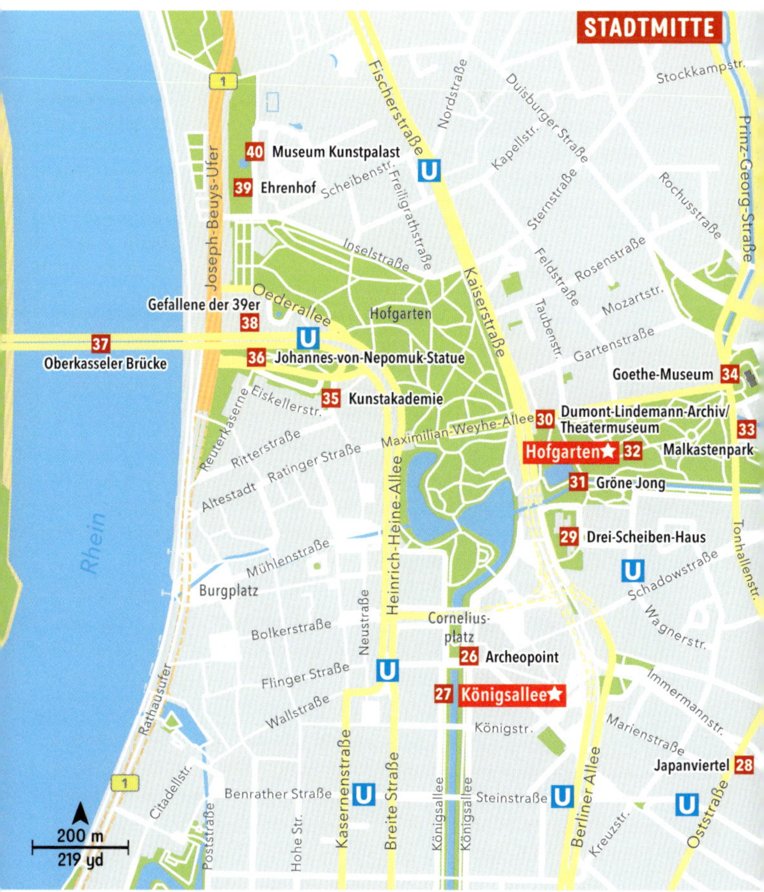

verloren: Die abwechslungsreiche Linienführung, kleine Hügel und die „Flusslandschaft" der Düssel lassen den Park viel größer erscheinen, als er tatsächlich ist, und schaffen zusammen mit botanischen Raritäten und Skulpturen wie z. B. einer nackten Sonnenanbeterin auf dem Venusteich ein ganz eigenes Flair.
Stilvoll und entspannt ist auch das Ambiente im Restaurant *Lido Malkasten (tgl. ab 12 Uhr | Tel. 0211 35 58 93 84 | lido1960.de/malkasten | €€)*: Mit Blick in den Park kannst du hier neben kreativen Gerichten auch leckere Drinks genießen. *Park 10–20, letzter Einlass 18 Uhr | Eintritt 2 Euro | Jacobistr. 6a | malkasten.org | Straßenbahn 707 Jacobistraße |* *e2*

34 GOETHE-MUSEUM

Ursprünglich war das *Schloss Jägerhof* einmal die Amtswohnung der bergischen Oberjägermeister. Nachdem es im Zweiten Weltkrieg stark beschädigt wurde, ist es heute das Zuhause der weltweit größten privaten Goethe-Sammlung. Und die kann sich sehen lassen: Rund 50 000 Objekte sind hier ausgestellt! Originaldokumente illustrieren Goethes Leben sowie seine Beziehung zu Schiller und den Jacobi-Brüdern. Dazu besitzt das Museum zahlreiche Erstausgaben, Manuskripte und Handschriften. Landschaftsgemälde und Stadtansichten zeigen Lebensstationen des Dichterfürsten. Wechselnde Themenschwerpunkte ergänzen die Dauerausstellung. *Di–Fr, So 11–17, Sa 13–17 Uhr | Eintritt 4 Euro, Di–Sa ab 16 Uhr, So ganztägig Eintritt frei | Jacobistr. 2 | goethe-museum.com | Straßenbahn 707 Jacobistraße oder Schloss Jägerhof | 1–2 Std. | e2*

35 KUNSTAKADEMIE

Wenn die Studenten beim Großen Rundgang zum Abschluss eines jeden Semesters ihre neuen Werke präsentieren, ist in der Kunstakademie immer richtig volles Haus. Solltest du eh draußen in der Schlange warten, wirf doch mal einen Blick auf die Fassade: Als das Stadtschloss, in dem die Kunstakademie untergebracht war, 1872 abbrannte, wurde ein Neubau nötig. Damals war italienische Renaissance in Mode, und so entstand auch die neue Akademie in diesem Stil. Auch irgendwie Kunst, oder? *Eiskellerstr. 1 | kunstakademie-duesseldorf.de | U-Bahn U70, U74–77 Tonhalle/Ehrenhof | c2*

36 JOHANNES-VON-NEPOMUK-STATUE

An der Ostseite der Oberkasseler Brücke steht der Brückenheilige Nepomuk. Die Skulptur von Bert Gerresheim ist, wie alle seine Werke, mehrschichtig: Verschiedene historische Ereignisse bzw. Personen verschmelzen darin miteinander. Bei dieser Figur geht es um den „schweigenden Widerstand". Im 14. Jh. wurde Johannes von Nepomuk ein Märtyrer des schweigenden Widerstands, als er sich auch unter Folter keine Zustimmung zum politischen Machtmissbrauch abringen ließ. Der Heilige, der als Böhmens Schutzpatron gilt, trägt hier die Gesichtszüge des Danziger Priesters Jerzy Popieluszko, der

1984 unter ähnlichen Umständen wie Nepomuk verhört, gefoltert und dann ertränkt wurde. *Oberkasseler Brücke | U-Bahn U70, U74–77 Tonhalle/Ehrenhof* | 🕮 *b2*

Fürstliches für den Dichterfürsten: Im Schloss Jägerhof dreht sich alles um Goethe

37 OBERKASSELER BRÜCKE

No risk, no fun! Die Entstehungsgeschichte der Oberkasseler Brücke ist wirklich spektakulär: Nach dem Zweiten Weltkrieg gab es an dieser Stelle nur eine Behelfsbrücke, die bald das steigende Verkehrsaufkommen nicht mehr bewältigen konnte. Ein Abriss, um Platz für den Neubau zu schaffen, war unmöglich, da der Verkehr zwischen den beiden Rheinufern zu stark beeinträchtigt worden wäre. So entschied man sich für ein technisches Wagnis: Die neue Brücke wurde parallel zur alten gebaut und zwei Jahre genutzt, ehe sie nach dem Abriss der alten genau an deren Stelle geschoben wurde. Im April 1976 verfolgten außer den Düsseldorfern auch Ingenieure und Brückenfachleute aus aller Welt, wie die 12 000 t schwere Brückenkonstruktion über ein Plastikbett 50 m stromabwärts an ihren endgültigen Standort glitt. *U-Bahn U70, U74–77 Tonhalle/Ehrenhof* | 🕮 *a–b2*

38 GEFALLENE DER 39ER

Die Reste des Denkmals von Jupp Rübsam für die Gefallenen des 39. Füsilierregiments stehen nahe der Tonhalle. 1928 war es zuerst dort aufgestellt worden, nachdem die Jury und die Künstlervereinigung ausdrücklich den humanistischen Charakter der Skulptur gewürdigt hatten. Militärischen Kreisen war es jedoch nicht

Einst strahlten die Sterne an ihrer Kuppel, heute wird sie von Musik erfüllt: die Tonhalle

„heldisch" genug; antisemitische Schmierereien verunstalteten es häufig und 1930 wurde ein Sprengstoffanschlag darauf verübt. Im März 1933 brachen es die Nazis ab und enthüllten stattdessen 1939 ein pathetisches Denkmal am Reeser Platz, das noch heute steht und immer wieder für Ärger gesorgt hat.

Der Torso der Skulptur von Jupp Rübsam wurde 1978 als „Mahnung gegen Terror und Intoleranz" in der Nähe des ursprünglichen Standorts wieder aufgestellt.

INSIDER-TIPP
Zeitreise in 3-D

Und auch das vollständige Denkmal kannst du hier betrachten: als virtuelle 3-D-Rekonstruktion wird es mit der kostenfreien App *Düsseldorf Augmented* wieder lebendig. *U-Bahn U70, U74–77 Tonhalle/Ehrenhof* | *b2*

39 EHRENHOF

Wow! Der Ehrenhof ist eine der wohl imposantesten Adressen Düsseldorfs: 1926 wurden die großen Ausstellungsgebäude am Rheinufer errichtet. Die klar gegliederten kubischen Bauten aus dunklem Backstein, die sich um den eigentlichen Ehrenhof gruppieren, sind ein spannender Mix aus expressionistischer Baukunst und moderner Stadtplanung. Auch drinnen gibt's viel zu entdecken: Das Gebäudeensemble beherbergt das *Museum Kunstpalast*, das *NRW Forum Kultur und Wirtschaft* und die direkt am Rhein gelegene *Rheinterrasse* (ein Restaurant und Tagungszentrum).

Das Schmuckstück der Anlage ist die *Tonhalle* (s. S. 98) am südlichen Ende. Sie diente einmal als Planetarium. Daran erinnert heute jedoch nur noch der goldene Stern auf der Kuppelspitze. In den 1970ern wurde das Gebäude aufwendig restauriert und zur Konzerthalle umgebaut. Hier sind Konzerte der Düsseldorfer Symphoniker sowie viele Gastauftritte internationaler Musiker zu erleben. Im Foyer mit seiner Rotunde werden gelegentlich Lesungen veranstaltet und im *Grünen Gewölbe*, dem einzigen original erhaltenen Innenraum, stellt das benachbarte Museum Kunstpalast als Dauerleihgabe seine Glassammlung aus.

INSIDER-TIPP **Musikgenuss trifft Sonnenbad**

Nach dem Konzert ist die erhöhte Terrasse der Tonhalle der perfekte Ort für einen Sundowner. Bei schönem Wetter kann man es sich hier oben in Liegestühlen und Sitzsäcken mit Blick auf Altstadt, Rhein und Oberkassel gut gehen lassen. *U-Bahn U70, U74–77 Tonhalle/Ehrenhof* | *b1–2*

40 MUSEUM KUNSTPALAST

Im alten Kunstmuseum im Ehrenhof werden neben Bildern von berühmten Vertretern der Düsseldorfer Malerschule wie Alfred Rethel, Carl Friedrich Lessing und Johann Wilhelm Schirmer auch Werke der klassischen Moderne sowie zeitgenössische Kunst gezeigt. Es gibt erstklassige wechselnde Ausstellungen, die häufig international und übergreifend konzipiert sind – durch das Aufgreifen aktueller Themen ergeben sich dabei nicht selten ganz neue Perspektiven. Voll am Puls der Zeit ist auch das digitale Angebot des Kunstpalasts: Über 12 000 Objekte aus der Sammlung können online angeschaut werden. Vor Ort vervollständigen der *Robert-Schumann-Saal* für Musik, Theater und Performance sowie das *Glasmuseum* mit Glasobjekten von der Antike bis zur Gegenwart (Teile der Schau im Gewölbe der Tonhalle) das imposante Gebäude-Ensemble. *Di–So 11–18, Do 11–21 Uhr* | *Eintritt 12 Euro* | *Ehrenhof 4–5* | *kunstpalast.de* | *U-Bahn U70, U74–77 Tonhalle/Ehrenhof* | *2 Std.* | *b1*

NÖRDLICH DER STADTMITTE

Nimm dir ruhig auch für den facettenreichen Norden ein bisschen Zeit, wenn du die Stadt besuchst. Die Nähe zum Rhein, die vielen Parks und Grünanlagen inklusive der Friedhöfe bieten interessante Einblicke.

41 GOLZHEIMER FRIEDHOF

Hier ruhen viele Düsseldorfer Größen aus dem Kulturleben des 19. Jhs. in teils aufwendig gestalteten Grabstellen, etwa der Maler Alfred Rethel, der Theaterintendant Karl Immermann, der Architekt Wilhelm von Schadow und der Schöpfer der Anlage, Gartenarchitekt Maximilian Weyhe. Das Gelände diente nur von 1805 bis 1897 als Friedhof. Morbide ist die Stimmung daher nicht mehr. In dem kleinen Park mit schönen alten Bäumen ist es vor allem im Frühjahr sehr romantisch und im Sommer angenehm kühl. Obwohl die viel befahrene Klever Straße den Friedhof durchschneidet, ist er ein zauberhafter Ort geblieben. *Fischerstr. | U-Bahn U78, U79 Victoriaplatz/Klever Straße |* *E7*

42 RHEINPARK

Von der Altstadt bis zur Nordbrücke zieht sich ein breiter Grünstreifen am Rheinufer entlang, der 1902 und 1926 für zwei große Ausstellungen angelegt wurde. Hier ist fast immer etwas los. Besonders im Sommer lockt der Park Spaziergänger, Radfahrer, Jogger, Fußballspieler und Faulenzer an, die auf einer Decke oder im mitgebrachten Liegestuhl einen entspannten Nachmittag verbringen. Kids haben auf 23 ha Rasenfläche und einem Spielplatz mit Blick auf den Rhein ordentlich Platz zum Toben. Hunger oder Durst? Kein Problem dank Biergarten und schwimmendem Café. *Cecilienallee | U-Bahn U78, U79 Victoriaplatz/Klever Straße |* *D6–7*

43 SYNAGOGE

Die Synagoge in Derendorf stammt aus dem Jahr 1958 und ist ein heller, eher sachlicher Bau mit wunderschönen bunten Fenstermosaiken. Von der großen Synagoge an der Kasernenstraße – 1904 von dem bekannten rheinischen Architekten Josef Kleesattel geschaffen – steht heute nichts mehr. Am 10. November 1938 wurde sie geplündert und angezündet. Der Hass auf die jüdische Bevölkerung schlug sich hier besonders heftig nieder, da in Düsseldorf die Eltern Ernst vom Raths lebten. Der Botschaftssekretär war in Paris von Herschel Grünspan erschossen worden; dieses Attentat wurde zum Anlass für den staatlich initiierten Volkszorn genommen. Eine Gedenktafel vor dem „Handelsblatt"-Haus, das heute an der Stelle steht, erinnert an die alte Synagoge.

Das jüdische Gotteshaus in Derendorf kann auf Wunsch besichtigt werden *(Anmeldung über das Kontaktformular auf der Website)*. Spannend wird es im mobilen Escape Room der Gemeinde: Unter dem Motto „Fixing the Boat – Finding Identity" reparierst du innerhalb einer Stunde ein rätselhaftes Boot und erfährst dabei spielerisch mehr über die jüdische Kultur. *Paul-Spiegel-Platz 1 | jgdus.de | U-Bahn U78, U79 Victoriaplatz/Klever Straße, Bus 721, 722, 756, 758 Bankstraße |* *E6*

INSIDER-TIPP
Rette das Boot vor dem Sturm!

44 NORDFRIEDHOF

Der Nordfriedhof entstand 1883 als Ersatz für den zu klein gewordenen Golzheimer Friedhof. Auch in dieser parkartigen Anlage finden sich Gräber vieler Berühmtheiten der Stadt, u. a. die der Brüder Achenbach, der Theaterintendantin Louise Dumont und der Kunsthändlerin Johanna Ey. Dazu haben Düsseldorfer Industriellenfamilien wie Bagel, Henkel, Haniel, Poensgen und Schwann hier ihre Grabstätten. Sie liegen vor allem auf dem Hügel rund um das Hochkreuz, der vom Volksmund deshalb „Millionenhügel" genannt wird. Die reichen Familien engagierten für die Gestaltung der Grabmäler oft bedeutende Künstler: Die Gräber der Familien Pfeiffer und Schieß etwa gestaltete

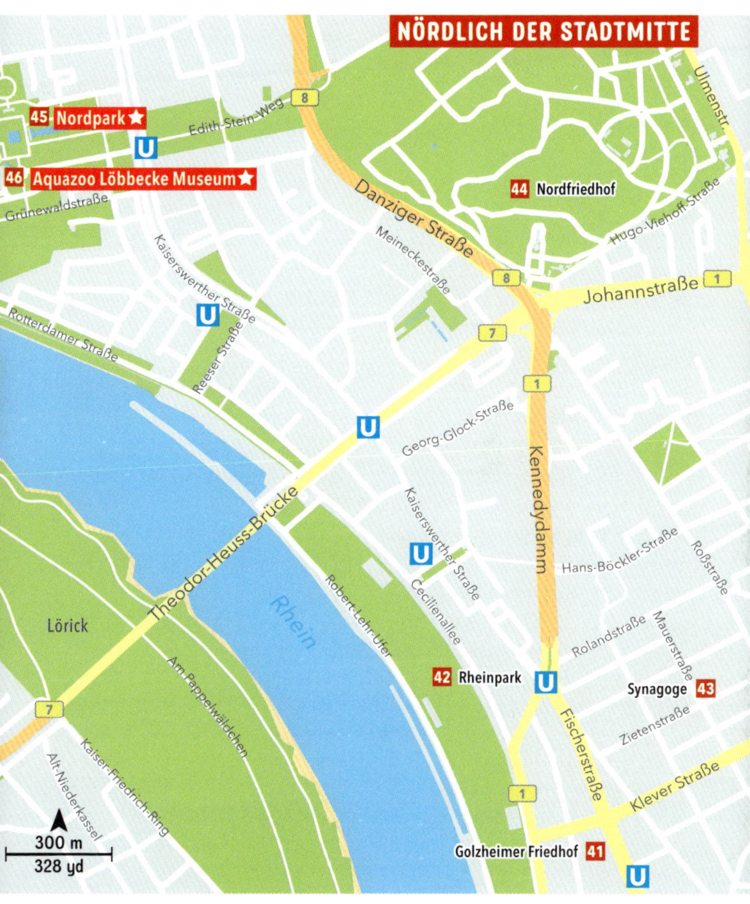

Fritz Coubillier, der auch die Tritonengruppe an der Kö schuf. Vom Bildhauer Karl Janssen stammt die Göttin des Schlafs auf dem Grab der Familie Henkel. Und die Figur auf Louise Dumonts Grab schuf Ernst Barlach. An die Opfer des Zweiten Weltkriegs erinnert ein Mahnmal von Jupp Rübsam. *Am Nordfriedhof 1 | | U-Bahn U78, U79 Theodor-Heuss-Brücke, Bus 721, 722, 729 Nordfriedhof |* *D–E 4–5*

45 NORDPARK ★

Der Nordpark wurde 1937 anlässlich der nationalsozialistischen Ausstellung „Schaffendes Volk" eröffnet; nebenan befand sich die Mustersiedlung „Albert Leo Schlageter". Noch heute sind im Park einige heroische Skulpturen aus jener Zeit zu sehen. Am Tor stehen zwei Rossebändiger von Edwin Scharf, die eigentlich gut in den Stil der Zeit zu passen scheinen, damals jedoch bei den Nationalsozialisten wenig Gefallen fanden. Trotz seiner Entstehungsgeschichte ist der Nordpark eine ausgesprochen schöne und bei Spaziergängern auch sehr beliebte Anlage. Nicht zuletzt, weil 1975 als Geschenk der japanischen Gemeinde in Düsseldorf der *Japanische Garten* dazukam. Im Park befindet sich auch das *Aquazoo Löbbecke Museum*. *Kaiserswerther Str. | U-Bahn U78, U79 Nordpark/Aquazoo | B–C 4–5*

46 AQUAZOO LÖBBECKE MUSEUM ★

Der Zoo mit Glaspyramidendach im Nordpark ist ein absoluter Besuchermagnet. Kein Wunder, Schau- und Panoramaaquarien mit Pinguinen, Süß-, Salzwasser- und Tiefseefischen, Terrarien mit Insekten, Schlangen und Krokodilen bieten jede Menge zu gucken. Hat es dir einer der Bewohner besonders angetan? Dann kannst du als Erinnerung eine Patenschaft für deinen Liebling übernehmen. *Tgl. 10–18 Uhr | Eintritt 10 Euro, Kinder 5,50 Euro | Kaiserswerther Str. 380 | duesseldorf.de/aquazoo | U-Bahn U78, U79 Nordpark/Aquazoo | 2 Std. | C4*

INSIDER-TIPP
Tierische Freundschaft schließen

HAFEN

Moderne, zum Teil sogar futuristische Architektur charakterisiert den Hafen. Viel Geld wurde investiert, um hier spektakuläre Bauten mit neuen Büroflächen zu errichten.

Es hat sich gelohnt: Der Hafen ist aufgeblüht und erstrahlt in neuem Glanz. Viele Medienunternehmen haben sich hier angesiedelt. Wohnungen gibt es zwar dementsprechend wenige, dafür erwarten dich in diesem Teil der Stadt umso mehr Bars, Clubs und schicke Restaurants.

Dem Kuhnasenrochen könnt ihr im Aquazoo unter die Flügel gucken

47 KUNST IM TUNNEL (KIT)

Kunst im Tunnel, kurz „KIT" genannt, ist ein unterirdischer Ausstellungsraum im Rheinufertunnel. Zwischen den beiden Röhren für den Autoverkehr werden an diesem ungewöhnlichen Ort die Werke junger zeitgenössischer Künstler ausgestellt.

Überirdisch befindet sich nur der Eingangsbereich: ein verglaster Pavillon mit Cafébar und großer Terrasse, in dem regelmäßig Partys und Konzerte stattfinden. Eine Treppe führt hinab in den 140 m langen und bis zu 4,90 m hohen unterirdischen Galerieraum. Vier bis sechs Ausstellungen im Jahr gibt es hier, Führungen starten jeden Sonntag um 15 Uhr. *Di–So 11–18 Uhr | Eintritt 4 Euro, jeden 2. So im Monat Eintritt frei | Mannesmannufer 1b | kunst-im-tunnel.de | Straßenbahn 706, 708, 709, Bus 726, 835, 836 Landtag/Kniebrücke | 1 Std. | a4*

48 LANDTAG

Politik trifft Design: 1988 wurde der extravagante Bau, der den nordrhein-westfälischen Landtag beherbergt, eröffnet. Der gelbe Elbsandstein und das rotbraune Kupfer plus die außergewöhnliche Architektur vermitteln Freundlichkeit und Wärme – nicht gerade die typischen Eigenschaften eines öffentlichen Gebäudes. Winkel oder scharfen Ecken gibt es nicht; die aufgebrochenen, runden Formen sollen Demokratie, Bürgernähe und Offenheit symbolisieren.

Es wird eine „Einführung in die parlamentarische Arbeit" angeboten, die

Kerzengerade neben krumm und schief: Rheinturm und Neuer Zollhof

die Besichtigung des Plenarsaals oder die Teilnahme an einer Sitzung einschließt (⏲ *3–3½ Std. | vorherige Anmeldung erforderlich*). An vielen Wochenenden im Jahr kannst du den Landtag auch spontan besichtigen: Sonntags zwischen 11 und 16 Uhr stehen die Pforten offen (Termine s. Website) – kostenfrei und inklusive Themenrundgängen, zu denen du Infos per QR-Code abrufen kannst. *Platz des Landtags 1 | Tel. 0211 88 40 | landtag.nrw.de | Straßenbahn 706, 708, 709, Bus 726, 835, 836 Landtag/Kniebrücke | ⏲ 1 Std. | a4*

49 RHEINTURM ★

Der 1982 eingeweihte Fernmeldeturm ist mit 234 m das höchste Gebäude der Stadt. In 172,5 m Höhe befindet sich das rundum verglaste Restaurant *Qomo (tgl. ab 18 Uhr | Tel. 0211 86 32 00 18 | €€€)*, das Sushi und japanische Fusionküche serviert und sich dabei einmal in der Stunde um die eigene Achse dreht.

Eine Etage tiefer gibt es eine Aussichtsebene mit der *Bar & Lounge M168 (€)*. Bist du schwindelfrei? Besser wär's, denn die schrägen Scheiben vermitteln einem das Gefühl, man stünde mit einem Fuß schon draußen. Auch wenn es etwas Überwindung kostet, lohnt es sich – das Panorama beeindruckt! Aus dieser Höhe bietet sich eine fantastische Aussicht über Stadt und Umland; an sehr klaren Tagen sind sogar die Spitzen des Kölner Doms zu erkennen.

INSIDER-TIPP
Zwei Wahrzeichen auf einmal entdecken

Außen an der Turmsäule ist eine Dezimaluhr zu sehen, von der sich die Zeit bis auf eine Zehntelsekunde genau ablesen lässt – man muss nur wissen, wie es geht: Von oben nach unten zeigen Lichter die Zehnerstunden, Einerstunden, Zehnerminuten usw. an. *Aussichtsebene / M168 täglich ab 10 Uhr | Eintritt 10 Euro, 10–11 Uhr und ab 22 Uhr 6 Euro | Stromstr. 20 | rheinturm.de | Bus 726, 732 Rheinturm, Straßenbahn 706, 708, 709 Landtag/Kniebrücke | D10*

50 WESTDEUTSCHER RUNDFUNK

In guter Nachbarschaft von Rheinturm und Medienhafen befindet sich auch das Landesstudio des WDR Düsseldorf. Die gläserne Fassade des postmodernen Gebäudes, blau eingerahmt, verleiht dem Koloss ein transparentes Aussehen. Wie Fernsehen und Hörfunk arbeiten, kannst du dir bei einer kostenlosen Führung *(⏲ 1½ Std.)* zeigen lassen. Termine finden unregelmäßig und nur nach (frühzeitiger) vorheriger Anmeldung statt. Den Besucherservice erreichst du unter *Tel. 0211 8 90 03 08* oder *besucherservice.duesseldorf@wdr.de. Stromstr. 24 | Bus 726, 732 Rheinturm | D10*

51 NEUER ZOLLHOF ★

Kippende Wände, windschiefe Türme, im Mauerwerk verkantete Fenster: Der vom kalifornischen Architekten Frank O. Gehry entworfene *Neue Zollhof* ist der Eyecatcher des Medienhafens. Die drei nebeneinandergesetzten Bauwerke in Weiß, Silber und Rot stehen im Kontrast zu den umliegenden Gebäuden aus Stahl, Beton und Glas. Pop oder Avantgarde, Dadaismus oder Spätdekonstruktivismus – während Fachleute über den Stil streiten, genießen die Düsseldorfer die bewegte Architektur, die das wahre Leben widerspiegelt: Nichts verläuft geradlinig. In den preisgekrönten *Gehry-Bauten*, wie die Leute die Gebäude nennen, haben Werbeagenturen, Anwälte, Immobilienfirmen und Architekten ihre Büros.

Der Neue Zollhof ist ein beliebter Treffpunkt. Man sitzt bei schönem Wetter auf dem Platz davor, trinkt ein kühles Bier und genießt die Aussicht. *Neuer Zollhof 2–6 | Straßenbahn 706, 709 Stadttor, Bus 726, 732 Rheinturm | C10*

52 STADTTOR

Hoch über der Einfahrt zum Rheinufertunnel, einer der Hauptverkehrsachsen aus den südlichen Stadtteilen ins Zentrum, erhebt sich das rund 75 m hohe Stadttor. Die transparente Stahl- und Glaskonstruktion in Form eines auf dem Kopf stehenden Us mit 20 Stockwerken und völlig verglasten Außenwänden war lange auch Sitz der nordrhein-westfälischen Staatskanzlei. Den herrlichen Blick auf Rheinturm und Uferpromenade, Bilk und Oberkassel genießt heute NRWs Verkehrsministerium. Im Erdgeschoss befindet sich ein mediterranes Restaurant. *Stadttor 1 | Straßenbahn 706, 709 Stadttor | D10*

AUSSERDEM SEHENSWERT

Wer etwas Zeit mitgebracht hat, sollte die Innenstadt verlassen und die weiter entfernten Sehenswürdigkeiten der Rheinmetropole besuchen. Der Weg lohnt sich: Kunst, Kultur und Erholung sind hier aufs Beste vereint.

53 KAISERSWERTH ★

Viel zu sehen ist von der im 9. Jh. angelegten Pfalz heute nicht mehr, denn im Spanischen Erbfolgekrieg wurde sie gesprengt. Ein Bummel durch die schönen alten Gassen der Kaiserinsel („Werth" heißt Insel) lohnt sich dennoch: Hier ist es so ruhig und beschaulich, dass man kaum glauben

kann, sich noch in einem Stadtteil Düsseldorfs zu befinden. Lediglich die Massen an Sonntagsausflüglern erinnern einen daran – also besser unter der Woche kommen!
Besonders schön ist die Anfahrt mit dem Schiff: In knapp einer Stunde schippert man mit der *Weissen Flotte* (s. S. 128) von der Altstadt bis nach Kaiserswerth und hat bei der Ankunft vom Wasser aus einen traumhaften Blick auf die romantisch-schöne Ruine der Pfalz. Wer nicht ganz seefest ist, kann die 10 km ab der Altstadt auch mit dem Fahrrad zurücklegen – ein Radweg führt direkt am Rhein entlang nach Kaiserswerth. *U-Bahn U79 Kittelbachstraße | 2–3 Std. | 0*

54 LANTZ'SCHER PARK

Der prächtige Park zwischen Messegelände und Kaiserswerth wurde 1860 als englischer Garten um das klassizistische Herrenhaus herum angelegt. Heute stehen zeitgenössische große Plastiken von Richard Serra und anderen unter den alten Bäumen des Parkgeländes – ein wenig bizarr, aber gerade deshalb superschön. *Lohauser Dorfstr. 5 | Lohausen | U-Bahn U79 Lohhausen, Bus 760 Nagelsweg | A–B2*

55 EKŌ-HAUS DER JAPANISCHEN KULTUR

Lust auf Fernost? Im japanischen Kulturzentrum mit dem prächtigen shinbuddhistischen Tempel kannst du in die japanische Kultur eintauchen und beispielsweise an einer traditionellen Teezeremonie teilnehmen. *Di–Fr nach Vereinbarung unter Tel. 0211 5 77 91 80 | Eintritt 3,50 Euro | Brüggener Weg 6 | Niederkassel | eko-haus.de | Bus 828, 834, 836 Niederkasseler Kirchweg | 2 Std. | B7*

56 OBERKASSEL & RHEINWIESEN

Das linksrheinische Oberkassel ist ohne Frage die gediegenste Ecke Düsseldorfs – abgesehen von der Königsallee natürlich. Beim Flanieren durch den Stadtteil mit seinen traumhaften Jugendstilvillen (und den höchsten Mieten der Stadt) sieht man ähnlich wie auf der Kö viele glänzende Sportwagen, teure Handtaschen und extravagant frisierte Schoßhündchen.
Ein Ausflug auf die andere Seite des Flusses lohnt sich aber nicht nur zum Leutegucken: Von den *Rheinwiesen* aus kannst du, nicht selten in Gesellschaft einer blökenden Schafherde, einen großartigen Blick auf die Düsseldorfer Skyline genießen. Während im Herbst höchstens rasante Lenkdrachenflieger die Idylle stören, ist es im Juli mit der Ruhe vorbei: Zur *Rheinkirmes* (s. S. 105) pilgern jedes Jahr Millionen von Besuchern auf die Oberkasseler Festwiese. *U-Bahn U74–U77 Luegplatz | B–D 8–9*

57 GRAFENBERGER WALD & WILDPARK

Urlaub vom Urlaub gefällig? Wer bei seinem Besuch in Düsseldorf mal etwas Abstand vom Trubel in der Altstadt nötig hat, braucht nicht groß in die Ferne schweifen: Der Grafenberger Wald befindet sich keine 20 Autominuten von der Stadtmitte entfernt und

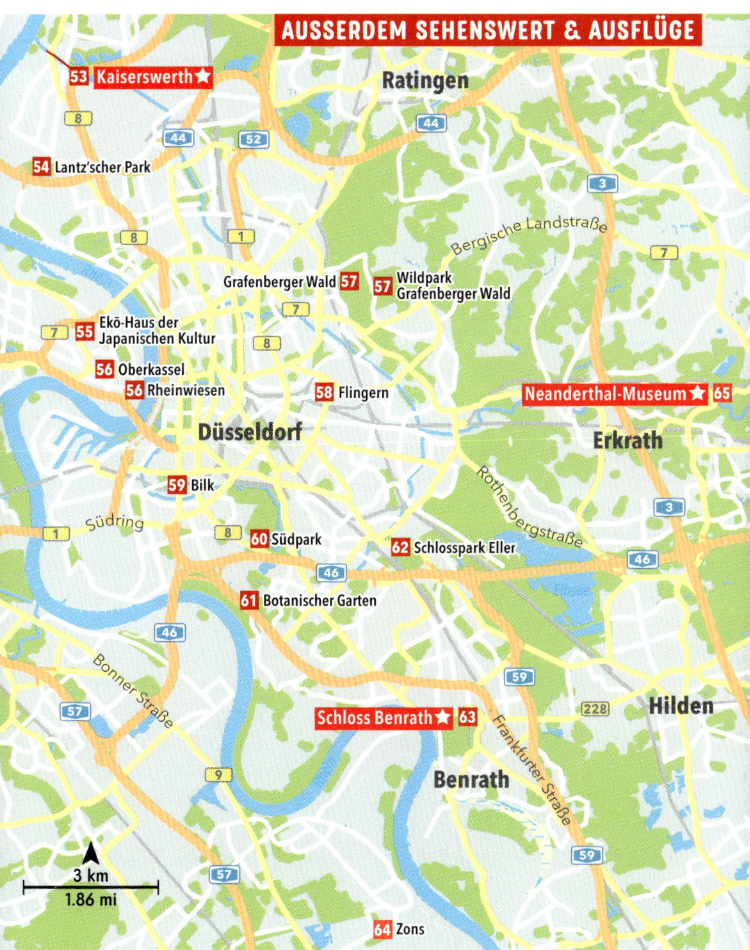

bietet auf rund 100 ha genug Platz, um beim Blätterrauschen der bis zu 200 Jahre alten Buchen mal so richtig abzuschalten. Zu langweilig? Dann bringt stattdessen eure Wanderschuhe auf dem knapp 10 km langen Rundweg zum Qualmen.
Vergessen solltet ihr dabei auf keinen Fall, einen Stopp im *Wildpark* einzulegen: Vom Rothirsch bis zum Waschbär kommt ihr hier über 100 großen und kleinen heimischen Tieren ganz nahe. Und das sogar gratis! Ein Zoo ist das Ganze aber nicht – die Bewohner leben in weitläufigen, naturnahen Gehegen und zeigen sich euch nur, wenn ihnen danach ist. Kleiner Tipp: Bestechung hilft! Die

INSIDER-TIPP **Tierische Rohkostfans**

Wildparktiere dürfen mit mitgebrachten Äpfeln und Möhren gefüttert werden und lassen sich im Austausch gegen den ein oder anderen Snack auch mal die Nase kraulen. *Wildpark tgl. 9–mind. 16 Uhr (s. Website) | Eintritt frei | Rennbahnstr. 60 | Ludenberg | wildpark-duesseldorf.de | U-Bahn U73, U83, Straßenbahn 709 Auf der Hardt | 2–3 Std. | 0*

58 FLINGERN

Genug vom Altstadt-Trubel? Dann nichts wie ab nach Flingern: Das vor allem von jungen Familien, Kreativen und Studenten bevölkerte Flingern Nord ist nicht nur eine beliebte Wohngegend, sondern auch eine der besten Adressen zum Bummeln, Shoppen und Schlendern. Internationale Modeketten und große Kaufhäuser wirst du im Szeneviertel östlich der Innenstadt allerdings nicht finden. Neben gemütlichen Cafés warten rund um Birkenstraße, Ackerstraße und Hermannplatz dafür viele individuelle Geschäfte, Designer, Galerien, Concept-Stores und Secondhandläden darauf, entdeckt zu werden. Der perfekte Ort für einen entspannten Samstagnachmittag!

Dir steht der Sinn nach ein bisschen mehr Kultur? Auch damit kann Flingern dienen. Schau z. B. bei den Montagsgesprächen des *onomato Künstlervereins e. V. (alle 2 Wochen Mo 19 Uhr, Termine s. Website | Birkenstr. 97 | onomato-verein.de | Straßenbahn 706, 709, S-Bahn S8, S68 Flingern S)* vorbei, um dich mit anderen Kunstfans auszutauschen und neben Vorträgen und Ausstellungen auch ungewöhnliche Projekte aus den Bereichen Video- und Klangkunst zu bestaunen.

Oder du dehnst deinen Spaziergang aus ins eher industriell geprägte und multikulturelle Flingern Süd: Während die Veranstaltungen im alternativ-urbanen *Zakk* (s. S. 95) längst nicht nur Düsseldorfer hierher locken, ist die Straßenkunst in der nur ein paar Schritte entfernten *Kiefernstraße (Straßenbahn 706, Bus 736, 806 Fichtenstraße)* noch ein echter Geheimtipp.

INSIDER-TIPP **Selfies und Streetart**

Auf einer Länge von über 200 m zieren riesige bunte Graffiti die ehemals besetzten Häuser und machen die Straße zu einer der spannendsten Fotolocations der Stadt. *S-Bahn S8 Flingern S | G–H 8–10*

59 BILK

Das Viertel südwestlich vom Bahnhof war ursprünglich eine Arbeitergegend, in der alles nah beieinanderlag: Arbeitsplatz, Wohnung, Vereinslokal. Heute wohnen hier viele Studenten; in die sanierten Häuser ziehen mehr und mehr betuchte Kulturschaffende. Viele kleine Geschäfte, türkische Läden und Antiquariate verleihen dem Stadtteil eine individuelle Atmosphäre und laden zum Bummeln ein.

Übrigens hat es Bilk schon einmal zu fast außerirdischem Ruhm gebracht: Im vorletzten Jahrhundert entdeckte der Astronom Robert Luther von der Bilker Sternwarte aus sieben kleine Planeten, die in Fachkreisen als „Bilker Planetoiden" bekannt wurden.

Einen zauberhaften Kontrast zum urbanen Style des Viertels bietet die winzi-

Wie die Zeit vergeht, ist beim Zeitfeld im Volksgarten nicht zu übersehen

ge romanische Basilika *Alt Sankt Martin (Martinstr./Bachstr. | Straßenbahn 709, S-Bahn S8, S11 Völklinger Straße S | D11)*, die älteste Kirche von Düsseldorf; sie ist im 12. Jh. auf den Resten einer noch älteren Kirche erbaut worden. Im 19. Jh. war sie nahezu verfallen und wurde nur deshalb nicht abgerissen, weil ihr Turm der Sternwarte als trigonometrischer Punkt diente. Ein Fernrohr erinnert heute als „Sternwartmal" daran. *U-Bahn U71–73, U83 Düsseldorf-Bilk, S-Bahn S8, S11, S28 Bilk S | C–G 11–12*

60 SÜDPARK

Drei Parks in einem: Der Südpark ist nicht nur die größte, sondern auch abwechslungsreichste Grünanlage Düsseldorfs. Seine 70 ha sind unterteilt in den Volksgarten (grüne Wiesen und hübsche Alleen), In den Gärten (vielseitige Themengärten) und Vor dem Deich (Teiche und Vogelschutzzone). Dort liegt auch der Bauernhof Südpark samt Streichelzoo und Hofladen – hier gibt's u. a. hausgemachte Fruchtaufstriche sowie Honig von Bienen aus dem Park.

INSIDER-TIPP Süße Souvenirs

Lieber Kunst statt Kulinarik? Dann auf zum westlichen Eingang des *Volksgartens (Straßenbahn 706, S-Bahn S1, S6, S68 Volksgarten S).* Dort steht Klaus Rinkes *Zeitfeld:* 24 riesige Uhren, die wie Blumen aufragen und jedem seine „verblühende" Zeit anzeigen. *Bilk | U-Bahn U71, U73, U79, U83, Straßenbahn 704 Südpark | U-Bahn U74, U77, U79, Straßenbahn 705, S-Bahn S6, S68 Oberbilk | G–H 11–13*

Barockes Duo: Schloss Benrath wäre ohne seine Gartenanlage nur halb so schön

61 BOTANISCHER GARTEN

Der Botanische Garten gehört zur Universität, ist aber wegen der schönen Gestaltung mit Heilkräutern, Apothekergarten und Blumenpracht auch bei Nicht-Studenten beliebt. Highlight ist das Gewächshaus, das aus einer sphärischen Plexiglaskuppel besteht. Hier haben tropische Exoten ihr warmes Heim. Am besten lässt sich die Vielfalt des Gartens bei einer themenbezogenen Führung entdecken *(Termine und Anmeldung s. Website). März, Okt. Mo–Fr 8–18, Sa 13–18, So 10–18, April–Sept. Mo–Fr 8–19, Sa 13–19, So 10–19, Nov.–Feb. Mo–Fr 8–16 Uhr | Eintritt frei | Bilk | botanischergarten.hhu.de | U-Bahn U71, U73, U79, U83, Straßenbahn 701, 704 Uni Ost/Botanischer Garten |* *G14*

62 SCHLOSSPARK ELLER

Zugegeben, Eller gilt nicht gerade als der schönste Stadtteil Düsseldorfs. Dabei versteckt sich hier im Südosten der Stadt eine echte Perle: Das 1826 errichtete Schloss Eller ist zwar nicht so prunkvoll wie Schloss Benrath, mit seiner riesigen Parkanlage und uraltem Baumbestand aber trotzdem einen Abstecher wert. Leider kann das Herrenhaus selbst nur zu bestimmten Anlässen wie dem jährlichen Herbstfestival besichtigt werden. Den Picknickkorb schnappen und sich genüsslich in den Park fläzen geht (bei gutem Wetter) aber immer! *Heidelberger Str./Deutzer Str./Am Dammsteg | U-Bahn U75, Straßenbahn 705 Vennhauser Allee |* *0*

63 SCHLOSS BENRATH ★

Das 1755 von Kurfürst Karl Theodor erbaute Jagd- und Gartenschloss im Süden der Stadt ist einzigartig: Kein anderes europäisches Baudenkmal aus dieser Zeit ist so gut erhalten. Die Gesamtkomposition von Architektur, Gartenkunst, Bildhauerei und dekorativen Künsten ist charakteristisch für die Epoche des späten Barocks am Übergang zum Klassizismus und kann im Museum *Corps de Logis* bestaunt werden. Dass das märchenhafte Schloss auch als Hochzeitslocation beliebt ist, verwundert nicht: Die Räume sind reich ausgestattet mit Stuck, Wandbespannungen und -vertäfelungen, und der traumhafte Garten ist ideal für romantische Fotoshootings.

So richtig magisch wird es zum Lichterfest im Sommer: Licht- und Wasserspiele begleiten ein Open-Air-Konzert der Düsseldorfer Symphoniker und garantieren ein unvergessliches Picknick im *Schlosspark (Termine s. Website)*. Im Ostflügel des Schlosses liegt das weltweit erste *Gartenkunstmuseum*, das sich der Geschichte der Landschaftsplanung widmet. Auf 1200 m² gibt es Skulpturen, Gemälde, Modelle und multimediale Präsentationen zu sehen. *Schlossbesuch und Museen Mo/Di 11–17, Fr 14–17, Sa/So 11–18 Uhr | Schlossticket 14 Euro | Benrather Schlossallee 100–106 | Benrath | schloss-benrath.de | U-Bahn U71, U83 Schloss Benrath | ⏲ 1–2 Std. | 🕮 0*

AUSFLÜGE

64 ZONS

16 km/30 Min. vom Hbf. entfernt (mit dem Auto über die B9)

Zeitreise: Die imposante Befestigungsanlage Zons ist die am besten erhaltene im ganzen Rheinland. Seitdem der Kölner Erzbischof im 14. Jh. den Rheinzoll nach Zons verlegte, schützte eine solide Befestigung die Stadt. Die *Burg Friedestrom*, eine geschlossene Stadtmauer, der *Sankt-Peters-Turm* sowie viele Wehr- und Wachtürme stehen noch heute. Eine alte Windmühle im holländischen Stil macht die „Skyline" von Zons unverwechselbar.

Verbinde den Ausflug doch mit einem Abstecher aufs Wasser: Es gibt zwischen Dormagen/Zons und Düsseldorf/Urdenbach eine *Rheinfähre (März–Okt. Mo–Fr 6.15–20 Uhr, Sa/So 10–20, Nov.–Feb. Mo–Fr 6.15–19, Sa/So 10–18 Uhr | Fahrt pro Person 1,50 Euro, inkl. Pkw pro Person 4,50 Euro | faehre-zons.de)*. Infos und Anmeldung zu Stadtführungen gibt's beim *Heimat- und Verkehrsverein der Stadt Zons (Schloßstr. 2–4 | Tel. 02133 257647 | zons-stadtfuehrung.de). 🕮 0*

65 NEANDERTHAL-MUSEUM ★

13 km/25 Min. vom Hbf. entfernt (mit dem Auto über Höherweg)

Im idyllischen Neandertal (man schreibt es seit der Rechtschreibreform 1901 ohne „h", das Museum hat aber die alte Schreibweise behalten) wurden 1856 in einer Grotte die Knochenreste des seither berühmtesten Urmenschen gefunden. Das Museum erzählt die Menschheitsgeschichte von ihren Anfängen bis heute. Von hier führt auch ein Weg durch das Tal bis zum legendären Fundort. *Di–So 10–18 Uhr | Eintritt inkl. Audioguide 13 Euro, Kinder je nach Alter 7–8 Euro | Talstr. 300 | Mettmann | neanderthal.de | S-Bahn S 28 Neanderthal (ca. 15 Minuten Fußweg) | ⏲ 2–3 Std. | 🕮 0*

ESSEN & TRINKEN

Wenn es um Düsseldorfs kulinarische Seite geht, denken wohl alle erst mal an eins: Altbier! Schließlich ist man hier mächtig stolz auf die obergärige Spezialität. Auswärtige brauchen meist ein wenig, um sich an das bitter-würzige Aroma zu gewöhnen, aber nach zwei, drei Gläsern ist bisher fast jeder auf den Geschmack gekommen. Ums Probieren kommst du jedenfalls kaum herum – ein Abend im Brauhaus gehört zum Pflichtprogramm für jeden Besucher.

Kleine Warnung vorweg: Die Kellner, Köbesse genannt, sind eher schroff als herzlich, der Dienst am Kunden besteht im schnellen

Halve Hahn ist auch was für Fleischverzichter: ein Roggenbrötchen mit Käse

Nachliefern von Altgläsern, nicht in kulinarischer Beratung. In manchen Brauereien werden den Gästen die Anlagen gezeigt; oft kann man dort das Bier auch zum Mitnehmen kaufen.
Wem fürs deftige Biervergnügen die Ader fehlt, der braucht nicht zu verzweifeln. Die Stadt hat Restaurants für jeden Geschmack. Hervorzuheben ist die sehr gute japanische Küche. Auch die Sternegastronomie ist mit einer Reihe von Gourmettempeln in Düsseldorf zu Hause. Lust auf Mexikanisch? Laotisch? Äthiopisch? Vegan? Lass dich von der kulinarischen Vielfalt überraschen!

WO DÜSSELDORF ISST
ALTSTADT
Fast Food und deftige Brauhausküche – perfekt nach langen Shoppingtouren
JAPANVIERTEL
Ob Sushi, Hot Pot oder koreanisches BBQ: Das beste asiatische Essen gibt's hier
Greentrees (Münsterstr.)
Bar Olio
Im Füchschen
Nagaya
Greentrees (Lorettostr.)
GOLZHEIM
PEMPELFORT
NIEDERKASSEL
ALTSTADT
CARLSTADT
STADTMITTE
UNTERBILK
Rhein
Hofgarten
Kennedydamm
Victoriaplatz/Klever Straße
Nordstraße
Heinrich-Heine-Allee
Oststraße
Düsseldorf Hauptbahnhof
Theodor-Heuss-Brücke
Oberkasseler Brücke
Rheinkniebrücke
Luegallee
Joseph-Beuys-Ufer
Kaiserstraße
Klever Straße
Jülicher Straße
Ulmenstraße
Prinz-Georg-Straße
Jägerhofstraße
Jacobistraße
Breite Straße
Berliner Allee
Oststraße
Karlstraße
Graf-Adolf-Straße
Herzogstraße
Hüttenstraße
Friedrichstraße
Corneliusstraße
rich-Ehrhardt-Straße
500 m
546 yd

MARCO POLO HIGHLIGHTS

★ **IM FÜCHSCHEN**
Traditionelles Brauhaus mit rheinischen Spezialitäten ➤ S. 67

★ **GREENTREES**
Gesund und lecker: hippes Café mit den besten Smoothies und Bowls ➤ S. 68

★ **NAGAYA**
Japanische Küche mit Michelinstern ➤ S. 71

★ **BAR OLIO**
Warten lohnt sich, in dem angesagten Lokal wird's gemütlich, laut und lecker. Super Weine! ➤ S. 72

★ **ARABESQ**
Eine Genussreise: Von Taboulé bis Baklava gibt's hier Köstlichkeiten aus der arabischen Welt in pompösem Ambiente ➤ S. 73

Im Brauhaus Zum Schlüssel strömt das Altbier – ist schließlich auch preisgekrönt

BIERGÄRTEN

1 THREE LITTLE BIRDS

Der Biergarten direkt am Rhein bietet lässiges Ambiente mit Premium-Aussicht. *Di–Fr 17–22, Sa 14–22, So 12–20 Uhr (nur bei gutem Wetter) | Robert-Lehr-Ufer 2 | Tel. 0173 2 71 36 88 | U-Bahn U78, U79 Viktoriaplatz/Klever Straße | € | Pempelfort | D7*

2 TIGGES

Kneipe, Café, Restaurant – das Tigges ist zu jeder Tages- und Nachtzeit ein beliebter Treffpunkt im Herzen von Bilk. Auf der Karte stehen mediterrane und regionale Gerichte sowie eine große Auswahl an Schnaps, Likör und Bier. Am besten schmeckt das frisch Gezapfte hier im Biergarten mit gemütlicher Hinterhofatmosphäre. *Mo–Fr ab 12, Sa/So ab 10 Uhr | Brunnenstr. 1 | Tel. 0211 3 19 01 20 | tigges-duesseldorf.eatbu.com | U-Bahn U71–73, U83, S-Bahn S8, S11, S28 Düsseldorf Bilk | € | Bilk | E11*

3 GALERIE BURGHOF

Kultige Idylle: Die Lage gleich neben der Rheinpfalz und das Panorama sind ein Traum. Der Burghof ist *der* Biergarten der Düsseldorfer und für Touristen ein echter Geheimtipp. Am Wochenende ist es oft voll! *So–Do 16–23, Fr/Sa 11–24 Uhr, auch an schönen Wintertagen geöffnet | Burgallee 1 | Tel. 0211 40 14 23 | galerie-burghof.de | U-Bahn U79 Klemensplatz | €€ | Kaiserswerth | 0*

BRAUHÄUSER & BIERKNEIPEN

4 BRAUEREI KÜRZER

Brauhaus ohne Humtata? Das geht! Das hippe Kürzer verbindet traditionelle Braukunst mit dem Charme einer Studentenkneipe. Bei einem

Black-Angus-Beef-Burger oder dem klassischen Himmel un' Äd kannst du dabei zusehen, wie das jüngste Alt der Stadt vor Ort gebraut wird. *Mo–Fr ab 15, Sa/So ab 12 Uhr | Kurze Str. 18–20 | Tel. 0211 32 26 96 | brauerei-kuerzer.de | U-Bahn Heinrich-Heine-Allee | € | Altstadt | b3*

5 IM FÜCHSCHEN ★

Selbst für ein Brauhaus geht es hier ziemlich rustikal zu (und das will was heißen). Das Essen ist preiswert und deftig, das Bier gehört zum Besten, was Alt-Kunst zu bieten hat. Im Sommer macht der Fuchs sogar Altbier-Eis! *Mo/Di ab 15, Mi–So ab 11 Uhr | Ratinger Str. 28 | Tel. 0211 1 37 47 16 | fuechschen.de | U-Bahn Heinrich-Heine-Allee | € | Altstadt | c2*

INSIDER-TIPP
Eis mit Promille

6 BRAUEREI ZUM SCHIFFCHEN

Einstige Schifferkneipe mit fast 400-jähriger Geschichte, in der auch Napoleon bewirtet wurde. Heute mischen sich hier Einheimische jeden Alters mit Gästen vor allem aus Fernost. Die Karte bietet typische Brauhausspezialitäten, aber auch vegetarische Gerichte. Mit Terrasse. *Tgl. ab 12 Uhr | Hafenstr. 5 | Tel. 0211 13 24 21 | brauerei-zum-schiffchen.de | U-Bahn Heinrich-Heine-Allee | €€ | Altstadt | b3*

7 IM GOLDENEN KESSEL

In diesem Kessel wird zwar nicht mehr gebraut, aber dafür leckeres Schumacher-Alt gezapft. Das Lokal, in dem sich das gutbürgerliche Düsseldorf trifft, ist praktisch das Tor zur Altstadt. *Di–Do ab 15, Fr ab 11, Sa ab 11.30 Uhr | Bolkerstr. 44 | Tel. 0211 32 60 07 | schumacher-alt.de | U-Bahn Heinrich-Heine-Allee | €€ | Altstadt | c3*

8 UERIGE

Kleiner Sprachkurs: Das rheinische Wort „ürig" bedeutet so viel wie „griesgrämig". Und da machen die Köbesse in Düsseldorfs bekanntestem Brauhaus dem Namen alle Ehre! Die Gäste (überwiegend Touristen) lassen sich davon aber nicht abschrecken – hier ist es immer voll. *Tgl. ab 10 Uhr | Berger Str. 1 | Tel. 0211 86 69 90 | uerige.de | U-Bahn Heinrich-Heine-Allee, U-Bahn U71–U73, U83 Benrather Straße | € | Altstadt | b3*

9 ZUM SCHLÜSSEL

Stammhaus der Gatzweiler-Brauerei, in dem das Schlüsselbier gebraut wird. Die Anlage kannst du auf Anfrage besichtigen. Bereits zweimal erhielt die Brauerei den „European Beer Star Award" für das beste Altbier. *Mo–Fr ab 11, Sa/So ab 10 Uhr | Bolkerstr. 41–47 | Tel. 0211 8 28 95 50 | zumschluessel.de | U-Bahn Heinrich-Heine-Allee | € | Altstadt | c3*

INSIDER-TIPP
Alt, aber ausgezeichnet

10 FRANKENHEIM

Wer es rustikal-gemütlich mag, ist hier gut aufgehoben: Neben schönen Räumen mit viel Alt-Düsseldorfer Charme gibt's einen großen Biergarten. Besonders lecker: die Wildgerichte aus eigener Jagd aus der Eifel. *Di–Fr ab 15, Sa/So ab 12 Uhr | Wielandstr. 12–14 |*

Tel. 0211 35 14 47 | frankenheim-ausschank.com | Straßenbahn 704, U-Bahn Pempelforter Straße | €€ | Stadtmitte | e2

11 BRAUEREI SCHUMACHER

Favorit der Düsseldorfer und Inbegriff des traditionellen Wirtshauses. Hier wird in mit Schnitzereien, Zinnzeug und Gemälden ausgestatteten Räumen an langen Holztischen deftig gegessen und ordentlich getrunken. Besonders beliebt: die *Latzenbierfeste* (Alt mit noch mehr Alkohol) am 3. Donnerstag im März, September und November. *Di ab 16, Mi–Fr ab 11.30, Sa/So ab 11 Uhr | Oststr. 123 | Tel. 0211 8 28 90 20 | schumacher-alt.de | U-Bahn Oststraße | € | Stadtmitte | d4*

CAFÉS

12 HEINEMANN

Heute mal keine Lust auf Soja-Latte und Chiasamen im Gebäck? Heinemann ist ein alteingesessenes Café mit hervorragender Konditorei und Confiserie und die beste Adresse für einen Kaffeeklatsch wie bei Oma. Ein super Mitbringsel sind die preisgekrönten Champagnertrüffel! *Mo–Sa 9–18, So 10–18 Uhr | Bahnstr. 16 | Tel. 0211 13 25 35 | konditorei-heinemann.de | Straßenbahn 701, 705, 706, 708, 709 Berliner Allee | € | Stadtmitte | c4*

13 PURE FREUDE

Französische Patisserie-Manufaktur, die Petit Fours, Eclairs, Törtchen und Pralinen vom Allerfeinsten anbietet. Der absolute Hit sind die Macarons, die sensationell aussehen und auch so schmecken. Très chic ist auch das kleine Café im begrünten Hinterhof, das im Sommer geöffnet hat. *Do–Sa 10–17 Uhr | Hohe Str. 19 | Tel. 0211 86 32 01 49 | purefreude.de | U-Bahn Heinrich-Heine-Allee | € | Carlstadt | b4*

INSIDER-TIPP
Süße Schönheiten wie in Paris

14 GREENTREES – THE JUICERY ★

Treat your body like a temple! Unter diesem Motto serviert die gebürtige Australierin Alexandra Greentree (ja, sie heißt wirklich so) leckeren Kaffee und gesundes Seelenfutter. Vom hausgemachten Granola bis zur Smoothie-Bowl mit Spinat ist hier alles vegan. Highlight: Das Bananenbrot aus überreifen Früchten, die im Handel auf dem Müll landen würden. Weitere Filiale in Unterbilk *(Mo–Do 8–15, Sa/So 10–15 Uhr | Lorettostr. 54 | Straßenbahn 706, 707, 709 Bilker Kirche | D11). Mo–So 10–15 Uhr | Münsterstr. 149 | greentreesthejuicery.de | S-Bahn Derendorf, Straßenbahn 701, 704 Rather Straße | € | Derendorf | F6*

15 PYC CHEESECAKE & GALLERY

Fotokunst an den Wänden, Backkunst auf dem Teller: Im Kunstcafé pyc genießt du einen American Cheesecake, Brownie oder Key Lime Pie zwischen urbanen Motiven und Designobjekten von Inhaber Jakob Krebs. Weitere Filiale in Oberkassel *(Mi–So 10–18 Uhr | Belsenstr. 18 | U-Bahn U74–77 Belsenplatz | B8). Mi–So 10–18 Uhr |*

In der gemütlich-urigen Brauerei Schuhmacher gibt's zünftige Kost zum frisch Gezapften

Weseler Str. 65 | pyc-cheesecake.de | Straßenbahn 706, 708, U-Bahn U71 Brehmplatz | € | Düsseltal | G7

16 KAUSAL

Das Kausal ist ein echtes Kiez-Wohnzimmer. Man kann hier zu jeder Tageszeit herrlich entspannt seinen Kaffee genießen – ob morgens mit Müsli, Croissant und persischem Kräuteromelette *(Kuku Sabzi)* oder nachmittags bei einem leckeren Stück Kuchen. Richtig gemütlich wird's, wenn sich der Gastgeber höchstpersönlich zum spontanen Sofakonzert ans Klavier setzt. *Tgl. 9–22 Uhr | Flurstr. 1 | Tel. 0211 92 41 25 98 | kausal-cafe-bar.eatbu.com | Straßenbahn 706, 709, S-Bahn S8, S28, S68 Flingern S | € | Flingern Nord | H9*

KNEIPEN & SZENELOKALE

17 BISTRO ZICKE

Intellektuellen- und Szenebistro gegenüber dem Stadtmuseum und somit etwas abseits vom Altstadttrubel. Hier kannst du u. a. gut und vor allem spät frühstücken: Bis nachmittags wird alles serviert, was das Herz sonst morgens begehrt. Mit Terrasse. *Tgl. 9–1 Uhr | Bäckerstr. 5a | Tel. 0211 32 78 00 | bistro-zicke.de | U-Bahn U71–U73, U83 Benrather Straße, Straßenbahn 706, 708, 709 Poststraße | €€ | Altstadt | b4*

INSIDER-TIPP
Für ganz Ausgeschlafene

18 DESTILLE

Köstlichkeiten ohne Schnickschnack – das Motto der Destille ist Programm. Eine Speisekarte gibt es hier nicht, dafür wechselnde Tagesgerichte. Die Küche ist deutsch-rustikal, lecker und preisgünstig. Das kultige Kneipen-Bistro in der Carlstadt ist außerdem einer der kulturellen Hotspots der Szene: Regelmäßig gibt es Jazz, Blues, Kunst und Literatur. *Tgl. ab 17 Uhr | Bilker Str. 46 | Tel. 0211 32 71 81 | destille-duesseldorf.de | U-Bahn U71–73, U83 Graf-Adolf-Platz, Straßenbahn 706, 708, 709 Poststraße | € | Carlstadt | b4*

19 LÖFFELBAR

Hält, was der Name verspricht: Leckeres zum Löffeln (von Chili con Carne bis zur Safran-Fischsuppe), dazu gute Cocktails und eine große Bierauswahl. Das Ganze gibt's im Shabby-Chic-Ambiente und zu fairen Preisen. *Mo–Fr ab 10, Sa/So ab 9 Uhr | Tußmannstr. 3 | Tel. 0211 4 40 32 78 | loeffelbar.de | Straßenbahn 706 Tußmannstraße, S-Bahn S1, S6, S11 Düsseldorf-Zoo | € | Pempelfort | G7*

RESTAURANTS €€€

20 ROCCA 800 °C

Tisch mit Aussicht: Das Gehry's liegt im Herzen des Medienhafens und ist damit der perfekte Platz zum Sehen und Gesehenwerden. Auch kulinarisch wird einiges geboten, ein besonderes Highlight sind die Prime-Beef-Steaks aus dem 800 °C heißen Ofen. *So–Do 10–1, Fr/Sa 10–2 Uhr | Neuer Zollhof 3 | Tel. 0211 15 79 93 73 | rocca800.de | Straßenbahn 706, 709 Stadttor, Bus 723, 726 Rheinturm | Unterbilk | C10*

21 AM KAI

Savoir-vivre am Rhein: Das Am Kai im Medienhafen kombiniert französisch inspirierte Gerichte im Brasserie-Stil mit Zutaten aus der Region. Das passt super zum Ambiente: Vom schick designten Gastraum aus kannst du beim Essen entspannt den Blick über den Hafen schweifen lassen. *Mo–Sa ab 15 Uhr | Kaistr. 16 | Tel. 0211 3 00 67 50 | amkai-duesseldorf.de | Straßenbahn 706, 707, Bus 726, 732 Franziusstraße | Unterbilk | C10*

22 AGATAS

Ein kulinarischer Hotspot der Stadt! Die Speisekarte zeugt von Einflüssen vieler Esskulturen; Inhaberin Agata Reul bezeichnet ihr Konzept als „internationale Cross-over Kitchen". Das Agatas bekam für seine Multikulti-Spitzenküche bereits einen Michelinstern. *Di–Sa 18–22 Uhr | Kirchfeldstr. 59 | Tel. 0221 20 03 06 16 | agatas.de | U-Bahn U71–73, U83 Kirchplatz | Unterbilk | E11*

23 WEINHAUS TANTE ANNA

Im schönsten aller Altstadtrestaurants fühlt man sich ins 19. Jh. zurückversetzt. Dafür sorgt das Interieur mit Antiquitäten aus dem 1872 abgebrannten Stadtschloss. Unter dem Motto „Neue Küche – Alte Weine" stehen jeden Abend drei Menüs zur Auswahl. Der Weinkeller ist so gut, wie es sich für ein traditionsreiches Haus gehört.

Di–Sa ab 18 Uhr | Andreasstr. 2 | Tel. 0211 13 11 63 | tanteanna.de | U-Bahn Heinrich-Heine-Allee | Altstadt | ◫ b3

24 BRASSERIE STADTHAUS

Escargots, Foie gras oder Mousse au Chocolat in historischem Ambiente: Im fast 400 Jahre alten Stadthaus wird Düsseldorfs französischste Küche serviert. Klar, dass auch die Weinkarte Gourmets glücklich macht. *Mi–Sa 12–14 und Di–Sa 18–22 Uhr | Mühlenstr. 31 | Tel. 0211 16 09 28 15 | brasserie-stadthaus.de | U-Bahn Heinrich-Heine-Allee | Altstadt | ◫ b3*

25 NAGAYA ★

Yoshizumi Nagaya ist der sterngekrönte König der Düsseldorfer Sushiszene. Im Nagaya kreiert der Meister Kunstwerke aus traditionell japanischer Küche und westlicher Haute Cuisine. Das Ambiente ist gehoben, die Küche kreativ, extravagant und von exzellenter Qualität. Klar, das kostet – ist aber auch ein echtes Erlebnis! *Di, Do–Sa 12–14 und Di–Sa 19–22.30 Uhr | Klosterstr. 42 | Tel. 0211 8 63 96 36 | nagaya.de | Straßenbahn 707 Klosterstraße | Stadtmitte | ◫ d3*

Weinhaus Tante Anna: Einen edlen Tropfen zum feinen Essen, bitte

26 LE BOUCHON

Serviert wird klassische und moderne französische Küche – ohne viel Chichi, aber immer mit dem gewissen Etwas. Die ausgezeichnete Weinkarte stellt auch anspruchsvolle Genießer zufrieden. *Mi–Fr, So 12–15 und Di–So 18–23 Uhr | Blücherstr. 70 | Tel. 0211 97 71 34 17 | lebouchon-duesseldorf.de | Straßenbahn 701, 705, 707 Dreieck | Pempelfort | ◫ F7*

27 IM SCHIFFCHEN

Alle Gourmets an Bord! Die Topadresse mit Michelinstern, geführt von Jean-Claude Bourgueil, wartet mit ganz besonderen Spezialitäten wie Wagyu-Rind oder geräuchertem bretonischen Hummer auf. Die Atmosphäre ist gediegen-elegant, aber keineswegs steif. *Di–Sa ab 19 Uhr | Kaiserswerther Markt 9 | Tel. 0211 40 10 50 | im-schiffchen.de | U79 Klemensplatz | Kaiserswerth | 🕮 0*

RESTAURANTS €€

28 CAFÉ DE BRETAGNE

Mehr aus dem Meer: Die Auswahl an frischem Seafood ist riesig und reicht von Fisch über Austern, Garnelen und Hummer bis zu bretonischen Bio-Miesmuscheln. Das alles genießt du in französischem Bistroflair und selten allein – im Eckrestaurant am Carlsplatz ist immer was los. *Di–Do 11–22, Fr/Sa 10–23, So 12–21 Uhr | Benrather Str. 7 | Tel. 0211 56 94 07 75 | cafe-de-bretagne.de | U-Bahn U71–73, U83 Benrather Straße | Carlstadt | 🕮 b4*

29 BAR OLIO ★

Der kulinarische Knaller im Güterbahnhof! Dieses kleine, unprätentiöse Restaurant hat sich zum Treffpunkt der Schönen und Lässigen entwickelt, im Sommer ist die große Terrasse schnell voll besetzt. Hier bekommst du tolle Weine und erstklassige italienische Küche (fast) zu Pizzeriapreisen. *Mo–Sa 11–1 Uhr | Schirmerstr. 54 | Tel. 0211 3 67 72 94 | U-Bahn U71–73, U83, S-Bahn S1, S6, S11 Wehrhahn S | Stadtmitte | 🕮 G8*

30 HIMMEL & ÄHD

Himmlisch bodenständig. Hier trifft schickes Restaurant auf Brauhaus-Fee-

Perfektion bis ins Salatblatt: Im Schiffchen zaubert Sternekoch Jean-Claude Bourgueil

ling. Der Name ist auch Programm: Auf die Teller kommen rheinische Spezialitäten, in die Gläser Füchschen-Alt vom Fass. *Tgl. ab 10.30 Uhr | Nordstr. 53 | Tel. 0211 4 98 13 61 | himmel-aehd.de | U-Bahn U78, U79 Nordstraße | Straßenbahn 701, 705 Venloer Straße |* Pempelfort | *E7*

31 MALINAS

Im Malinas gibt's polnische Küche jenseits fetttriefender Klischees. Neben Omas Klassikern wie Borschtsch und Bigos stehen auch frische Salate mit Tandoori-Hähnchen oder gratiniertem Ziegenkäse auf der Karte. Unbedingt probieren: die großartigen Piroggen! Die ließ sich übrigens auch Hollywoodstar Tom Hanks hier schon schmecken. *Mo–Do 11.30–14.30 und Mo–Sa 18–24, So 13–21 Uhr | Tannenstr. 31 | Tel. 0211 93 89 38 00 | malinas-restaurant.de | Straßenbahn 705, 707 Tannenstraße |* Derendorf | *E5*

INSIDER-TIPP
Polen trifft Hollywood

32 ARABESQ ★

Lust auf eine Reise in den Orient? Dann los! Liebhaber raffinierter kulinarischer Speisen sind im Arabesq bestens aufgehoben. Geboten wird moderne arabische Spitzenküche: Fisch-, Fleisch-, aber auch vegetarische Spezialitäten. Sonntags von 11 bis 14 Uhr gibt es ein Brunchbüfett wie aus Tausendundeiner Nacht. *Mo–Fr 17–24, Sa 12–24, So 11–24 Uhr | Ludenbergerstr. 1–1a | Tel. 0211 61 85 51 81 | arabesq.de | Straßenbahn 709, U-Bahn U73, U83 Staufenplatz |* Grafenberg | *0*

RESTAURANTS €

33 SATTGRÜN

Guten Gewissens schlemmen: Alle Gerichte im Angebot sind rein pflanzlich, die Zutaten aus fairem Handel. Neben Pasta, Gemüsecurrys und hausgemachten Kuchen stehen auch frisch gepresste Säfte und Bioweine auf der Karte. Das schmeckt nicht nur Vegetariern! Mittags wird ein Büfett angeboten. Weitere Filialen findest du in Flingern Nord *(Hoffeldstr. 18 | Straßenbahn 709 Hoffeldstraße | H8)* und in Unterbilk *(Brückenstr. 12 | Bus 726, 732 Rheinturm | C10). Mo–Fr 12–16 Uhr | Graf-Adolf-Platz 6 | Tel. 0211 8 76 33 90 | sattgruen.com | Straßenbahn 706, 708, 709, U-Bahn U71–73, U83 Graf-Adolf-Platz |* Carlstadt | *c5*

34 NANIWA NOODLES & SOUPS

Oishi – das ist japanisch und heißt lecker. Das Wort solltest du dir für den Besuch in diesem Restaurant merken. Hier gibt's Ramen-Suppen in bester Qualität zu moderaten Preisen (und meist mit langer Warteschlange). Lohnt sich! *Di/Mi, Fr–So 11.30–21.30 Uhr | Oststr. 55 | Tel. 0211 16 17 99 | naniwa.de | U-Bahn Oststraße |* Stadtmitte | *d–e3*

35 TAKEZO

Neben exquisitem Sushi hat die japanische Esskultur in Düsseldorf tolle und authentische Ramen-Küchen zu bieten. Ein absoluter Liebling ist das Takezo. Die Kultnudelsuppe schmeckt hier ebenso lecker wie die *Gyoza* (Teigtaschen) oder das *Chashu-Don*, eine

Reisschüssel mit gebratenem Schweinebauch und süßer Sojasauce. *Mo, Mi–Fr 11.30–22, Sa/So 12–22 Uhr | Immermannstr. 48 | Tel. 0211 39 02 20 53 | takezo.de | Straßenbahn 707 Charlottenstr./Oststr. | Stadtmitte | e4*

36 PIZZERIA ROMANTICA

Manchmal muss es einfach Pizza sein! Die wohl beste der Stadt findest du in der Pizzeria Romantica: dünn, knusprig, riesengroß und dabei noch unschlagbar günstig. Auch Pasta sowie ein paar Fisch- und Fleischgerichte stehen auf der Karte. In dem kleinen Lokal ist es eigentlich immer voll, also besser reservieren. *Mo–Fr 12–22, Sa/So 17.30–22 Uhr | Düsselthaler Str. 48 | Tel. 0211 44 32 47 | romanticaduesseldorf.de | Straßenbahn 704 Rochusmarkt | Stadtmitte | e1*

37 CASITA MEXICANA

Jenseits vom typischen Texmex-Einerlei kommt in der Casita Mexicana authentisch Südamerikanisches auf den rustikalen Holztisch.

INSIDER-TIPP
Fiesta mexikana!

Dazu werden über 30 importierte Sorten Tequila angeboten! Weitere Filialen in *Pempelfort (Beuthstr. 1 | Straßenbahn 704 Adlerstraße | e2)*, in *Golzheim (Uerdinger Str. 25 | U-Bahn U78, U79 Theodor-Heuss-Brücke | D5)* und in der *Altstadt (Hunsrückenstr. 15 | U-Bahn Heinrich-Heine-Allee | c3). Mo–Sa ab 12, So ab 13 Uhr | Bilker Allee 128 | Tel. 0211 15 96 39 93 | casitamexicana.de | Straßenbahn 707 Bilker Allee/Friedrichstraße | Unterbilk | E11*

38 LA GRILLADINE

Nur wenige Gehminuten vom Hauptbahnhof – und du bist in Marokko! Zumindest kulinarisch: Es gibt Typisches wie Hummus, Couscous, Tajine und Spezialitäten vom Holzkohlegrill. Noch Platz fürs Dessert? Das süße Apfeltörtchen ist unschlagbar. *Di–Sa 12–22, So 13–21 Uhr | Dreieckstr. 26 | Tel. 0211 94 21 67 96 | grilladine.business.site | U-Bahn, Straßenbahn, S-Bahn Hauptbahnhof | Oberbilk | e5*

39 LUANG PRABANG

Das Restaurant serviert laotische, mitunter sehr scharfe Küche. Die Spezialitäten: in Bananenblättern gedünsteter Fisch oder Exotisches wie getrocknetes Rindfleisch. Gute Cocktailbar und Beer Lao, das laotische Bier. Die Inhaber betreiben auch das *Manima (manima-derlaote.de)* in Pempelfort. *Di–Fr 11.30–15 und Di–So 17–22.30 Uhr | Platanenstr. 26 | Tel. 0211 2 30 42 75 | luang-prabang.net | Straßenbahn 706, 709, S-Bahn S8, S68 Flingern S | Flingern Nord | H8–9*

40 OKRA

Im äthiopischen Okra wird mit den Fingern gegessen. Grundlage jeder Mahlzeit ist *ingera*, ein Pfannkuchen aus Teffgetreide, der mit leckeren Fleischgerichten serviert wird. Das sehr freundliche Personal hilft beim Lesen der Speisekarte. *Di–So ab 17 Uhr | Ackerstr. 119 | Tel. 0211 6 91 18 56 | okra-restaurant.de | Straßenbahn 708, 709 Birkenstraße | Flingern Nord | G8*

Unsere Empfehlung heute

Vorspeisen

ÄHZEZUPP
Erbsensuppe mit Speck oder Eisbein

DÜSSELDORFER SENFSUPPE
cremiges Süppchen,
natürlich mit Düsseldorfer Senf

ÄPELSCHLAAT
deftiger rheinischer Kartoffelsalat
mit Mayonnaise und Gewürzgurken

Snacks

BIERHAPPEN
belegte halbe Brötchen
mit Leberwurst,
Flöns (Blutwurst) oder
Mett mit scharfen Ölk (Zwiebeln)

HALVE HAHN
Harzer Käse mit Kümmel,
Röggelchen (Roggenbrötchen)
und Mostert
(original Düsseldorfer Senf, sehr scharf)

PÄRKEN
zwei knackige Bockwürste
mit Senf

KRÜSTCHENGULASCH
kleine Portion klassisches Gulasch
vom Schwein oder Rind,
serviert mit Röggelchen

Hauptgerichte

HÄMMCHE
gepökelte Schweinshaxe (Eisbein)
mit Sauerkraut (Kümmelkraut)
und Kartoffelbrei

HIMMEL UN' ÄD
Kartoffeln (Ädäppel) und
Äpfel (die in den Himmel wachsen)
miteinander gekocht. Als Beilage:
gebratene Flöns (Blutwurst)

RIEVKOOCHE
würzige Kartoffelpuffer
mit Apfelmus

SAUERBRATEN
zarter Rinderbraten in einer Beize
aus Essig, Lorbeerblättern und
Pfefferkörnern; dazu Rotkraut,
Kartoffelklöße und eine
Sauce mit Rosinen

Getränke

ALTBIER
obergäriges Bier mit einer dunklen,
trüben Farbe und bitter-würzigem
Geschmack

KILLEPITSCH
Düsseldorfer Likörspezialität aus
98 Kräutern, Beeren und Früchten,
perfekt als Digestif

SHOPPEN & STÖBERN

Shoppen in Düsseldorf? Das heißt für dich die Qual der Wahl! Die Stadt lässt Modeherzen höherschlagen und bietet auch Kennern und Sammlern mit ihrer reichen Galerienlandschaft und dem Antiquitätenviertel in der Carlstadt einige Topadressen, um nach Lust und Laune zu stöbern.

Die Luxusmeile für den gehobenen Geschmack ist die Königsallee (Kö) mit ihren Seitenstraßen: Edelmarken von Armani bis Jil Sander verkaufen hier in exklusiven Boutiquen ihre Kollektionen. Moderater geht's in der Altstadt zu, in der es neben internationalen Modeketten

Alle Adressen in diesem Kapitel findest du auf der Faltkarte

Geldausgeben geht auf der Königsallee am besten, z. B. im Kö-Karree

auch viele kleine und preiswerte Geschäfte gibt. Günstiger als die Kö ist auch die Schadowstraße: Die zentrale Einkaufsstraße lädt mit zahlreichen Geschäften und bequemen Outdoorsesseln zum Bummeln und Verweilen ein. Wer am Ende doch noch zu viel Geld im Portemonnaie hat, wird es im Luxuskaufhaus Breuninger bestimmt los. Alles zu Mainstream? Hippe Shoppingalternativen bieten Flingern Nord oder die Gegend um die Lorettostraße in Unterbilk. Die Website *lorettoviertel.com* gibt einen guten Überblick über die originellen kleinen Läden im „Lo".

WO DÜSSELDORF SHOPPT

MARCO POLO HIGHLIGHTS

★ **ET KABÜFFKE – KILLEPITSCHSTUBE**
98 Kräuter und 42 Umdrehungen!
➤ S. 81

★ **GEWÜRZHAUS**
Besuch die Düsseldorfer „Spice Girls“ in ihrem Kultladen ➤ S. 81

★ **VASELINE**
Bunt, laut und herrlich skurril, dieser Vintageladen ➤ S. 87

★ **RADSCHLÄGERMARKT**
Für Secondhandfans ist Düsseldorfs ältester Trödelmarkt genau das Richtige
➤ S. 87

WOHIN ZUERST?

Am meisten Düsseldorf-Flair versprüht die Kö genannte **Königsallee** *(🕮 E9–10)*. Ihr Mix aus Geschäften bekannter internationaler Modeketten, alteingesessenen Läden und großen Designern für die High Society macht einfach Spaß. Von der Königsallee aus erstrecken sich in der Innenstadt weitere Einkaufsstraßen mit Boutiquen, Ketten und Kaufhäusern. Eine Shoppingtour startest du am besten vom U-Bahnhof Steinstraße/Königsallee *(🕮 E9)* aus.

BÜCHER

In der Altstadt und Stadtmitte laden besondere Buchläden und schöne Antiquariate zum Stöbern ein. Viele sind auf bestimmte Themenbereiche spezialisiert.

1 HEINRICH HEINE ANTIQUARIAT

Sehr schöner Laden in einer ruhigeren Straße der Carlstadt. Natürlich gibt es Heine-Ausgaben, aber auch andere Klassiker und geisteswissenschaftliche Literatur. *Mo–Fr 11–18.30, Sa 11–16 Uhr | Citadellstr. 9 | heineantiquariat.de | U-Bahn U71–U73, U83 Benrather Straße | Carlstadt | 🕮 b3*

2 FRANK PETZCHEN KOCHBÜCHER

Nach dem Marktbummel am Carlsplatz findest du hier sicher das passende Rezept für deine Einkäufe: 5000 kulinarische Titel warten – Deutschlands größte Auswahl an Kochbuchliteratur. *Mo–Fr 11–18, Sa 10–16 Uhr | Benrather Str. 6 | frankpetzchen.de | U71–73, U83 Benrather Straße | Carlstadt | 🕮 b3–4*

GALERIEN

Düsseldorf ist mit seinen vielen Galerien und Sammlungen ein absoluter Hotspot für Kunstliebhaber. Adressen und Ausstellungshinweise findest du im Ausstellungsverzeichnis für Düsseldorf unter *0211.art* oder bei *kulturportal-duesseldorf.de*.

3 GALERIE PAFFRATH

Die Galerie ist schon in der fünften Generation eng mit der Düsseldorfer Malerschule verbunden. Johann Baptiste Paffrath baute erst als Schreiner die Kisten für den Versand von Gemälden, von den 1860er-Jahren an handelte er auch mit Bildern. Bei Paffrath sind Künstler wie die Brüder Achenbach und Max Clarenbach zu finden. *Mo–Fr 11–18 Uhr, Sa nach Vereinbarung | Königsallee 11 | galerie-paffrath.de | U-Bahn Heinrich-Heine-Allee | Stadtmitte | 🕮 c3*

4 PRETTY PORTAL

Urban Art entdecken: Die Galerie zeigt moderne Kunst von Malerei über Fotografie bis hin zu Videoinstallationen und Skulpturen – hier lassen sich Drucke sowie Werke junger Künstler günstig kaufen. *Di–Fr 14–19 Uhr und nach telefonischer Absprache | Tel. 0163 6040846 | Brunnenstr. 12 | prettyportal.de | U-Bahn U71–73, U83*

Düsseldorf-Bilk, S-Bahn S8, S11, S28 Bilk S | *Bilk* | *E11*

MITBRINGSEL & MEHR

5 ET KABÜFFKE – KILLEPITSCHSTUBE ★

Ön äschte Düsseldorfer Spezijalität! Das ist Killepitsch, ein Kräuterlikör, der nach Geheimrezept hergestellt und in dem urigen kleinen Laden im Herzen der Altstadt verkauft wird. Nebenan im „Kabüffke" (das heißt so viel wie ärmliche kleine Kammer, ist aber eine gemütliche Kneipe) kannst du vor dem Kauf ein Gläschen probieren. *Mo–Sa 11–24, So 16–22 Uhr* | *Flinger Str. 1* | *killepitsch.de* | *U-Bahn Heinrich-Heine-Allee* | *Altstadt* | *b3*

6 GEWÜRZHAUS ★

Hier gibt's die „ächten" Mostertpöttchen. Für Nichtrheinländer: Das heißt Senftöpfchen. Mit Mostert ist aber nicht der bekannte Löwensenf gemeint, sondern der „richtige" Düsseldorfer Senf. Er wird abgefüllt oder in schönen Steinguttöpfen verkauft, die den Düsseldorfer Anker und die Buchstaben ABB tragen – die Initialen des Namensgebers Adam Bernhard Bergrath. Mittlerweile wird der Senf unter der Regie des Senfimperiums Düsseldorfer Löwensenf GmbH hergestellt. *Di–Fr 9.30–16, Sa 9.30–15 Uhr* | *Kapuzinergasse 16* | *gewuerzhaus-altstadt.de* | *U-Bahn Heinrich-Heine-Allee* | *Altstadt* | *b3*

7 SCHEE

Ja mei! Mit Bayern hat der Interiordesign-Laden auf der Berger Straße zwar so gar nichts zu tun – schön ist es hier aber definitiv. Und wie: Neben Sieb- und Kunstdrucken gibt es ausgewählte Accessoires, die die eige-

Geh königlich Geld ausgeben! Wenn nicht auf der Shoppingmeile Kö, wo dann?

Von der Boutique bis zum Elektronikmarkt: Das Sevens ist ein Center für alle Fälle

nen (oder andere, weil tolle Geschenkideen) vier Wände noch stylisher machen. *Mo–Fr 11–20, Sa 10–20 Uhr | Berger Str. 18 | schee.net | U-Bahn Heinrich-Heine-Allee | Altstadt | b3*

8 DOG'S DELI

Die frisch gebackenen Leckerlis von Dog's Deli machen Hunde glücklich. Daneben gibt es Leinen, Halsbänder, Spielzeug und verrückten Schnickschnack. Ein Paradies für Vierbeiner und ihre zweibeinigen Halter. *Mo–Fr 10–19, Sa 10–18 Uhr | Blumenstr. 7 | dogsdeli.de | Straßenbahn 701, 705, 706, U-Bahn U71–U73, U83 Schadowstraße | Stadtmitte | c3*

9 SEVENS

Ob Multimedia, Mode, Wohndesign, Lebensmittel oder Accessoires – in dieser Premium-Shoppingmall wird auf sieben Ebenen jeder fündig. *Mo–Sa 10–20 Uhr | Königsallee 56 | sevens.de | U-Bahn Steinstraße/Königsallee | Stadtmitte | c4*

10 STILWERK

Schon die Architektur dieses Trendtempels für Inneneinrichtung ist ein Erlebnis. So edel wie das Glas- und Stahlgehäuse ist auch das Angebot der 42 Geschäfte: Auf 17 000 m² warten tolle Inspirationen zum Thema Wohnen und Lifestyle. Neben internationalen Premiummarken gibt's wechselnde Designausstellungen im Stilwerk-Forum, außerdem Konzerte, Lesungen usw. *Mo–Fr 10–19, Sa 10–18 Uhr | Grünstr. 15 | stilwerk.de | U-Bahn Steinstraße/Königsallee | Stadtmitte | c4*

11 UNTERHALTUNG LIEBLINGSSTÜCKE

Auf der Suche nach einem individuellen Mitbringsel oder kreativen Geburtstagsgeschenk? In diesem Laden findest du alles, was das Leben noch ein bisschen schöner macht. Das

hochwertige Sortiment ist bunt gemischt und reicht von Kleidung über Bücher bis zu Feinkost und Kinderspielzeug. Neben den „üblichen Verdächtigen" wie Fjällräven oder Fitz & Huxley gibt's auch kleine, weniger bekannte Marken. *Mo–Do 10–19, Fr 10–19.30, Sa 10–18 Uhr | Ackerstr. 161 | unterhaltung-lieblingsstuecke.de | U-Bahn U72, U73, U83, Straßenbahn 706 Lindemannstraße | Flingern Nord | H8*

12 RIKIKI. GRAFIK & PRODUKT

Ein absolutes Paradies für Designfans und alle, die gern stöbern und sich in Details verlieren: **Rikiki bietet feine Papeterie aus der eigenen Manufaktur sowie von kleinen Herstellern aus der ganzen Welt.** Zu Grafikdrucken, Postkarten und Notizbüchern gesellt sich hier noch viel anderes Schönes zum Verschenken oder Behalten. Möbel, Schmuck, Taschen, Schokolade, Spirituosen – alles stilsicher und außergewöhnlich! *Mo–Fr 10–19, Sa 10–17 Uhr | Hermannstr. 35 | shop-rikiki.de | U-Bahn U72, U73, U83, Straßenbahn 706 Lindemannstraße | Flingern Nord | H8*

INSIDER-TIPP
Denn wer schreibt, der bleibt

MODE

13 BONNIE

Darf es mal etwas Ausgefallenes sein? Bei Bonnie gibt's individuelle Designerstücke. *Mo–Fr 9.30–19, Sa 9.30–18 Uhr | Hohe Str. 12 | bonnie-boutique.de | U-Bahn U71–U73, U83 Benrather Straße | Carlstadt | b4*

14 KAUF DICH GLÜCKLICH

Der Concept-Store startete einst als kleines Waffelcafé im Berliner Prenzlauer Berg. Neben Labels wie Nümph, King Louie oder Wemoto kannst du auch Schmuck und hippe Wohnaccessoires erstehen. *Mo–Sa 10.30–20 Uhr | Carlsplatz 4 | kaufdichgluecklich-shop.de/duesseldorf | U-Bahn U71–U73, U83 Benrather Straße | Altstadt | b3–4*

15 JADES

Wer Glitter und Glamour liebt, findet in diesem Modetempel bestimmt ein schönes Designerstück. Bei ständig wechselnder Schaufensterdeko macht auch das Windowshopping Spaß. Und wer nicht genug bekommen kann, besucht am besten gleich noch *More Jades (Breite Str. 1)* direkt um die Ecke. *Mo–Sa 10–19 Uhr | Heinrich-Heine-Allee 53 | jades24.com | U-Bahn Heinrich-Heine-Allee | Altstadt | c3*

16 PICK UP

Auch in der Altstadt gibt es zum Glück noch Läden, die aus dem Einerlei der großen Modeketten herausstechen. Ganz vorne mit dabei ist Pick Up. Fans von Fifties-Kleidchen, Dr. Martens und den Toten Hosen sind in diesem rockigen Shop goldrichtig. *Mo–Sa 11–19 Uhr | Kapuzinergasse 15 | Facebook: pickup78 | U-Bahn Heinrich-Heine-Allee | Altstadt | b3*

17 BREUNINGER

Deutschlands größte Filiale des Luxuswarenhauses bietet im Kö-Bogen Exklusives vom Parfum bis zur Designerrobe. Vor allem Schuhliebhaber kommen voll auf ihre Kosten, bei einer Auswahl von rund 25 000 Paar wird vermutlich selbst dem größten Shopaholic schwindelig. Aber keine Panik: Neben persönlichen Shoppingberatern steht sogar ein hauseigener Shuttleservice zur Verfügung. Stärken kannst du dich im schicken Restaurant *Sansibar* in der ersten Etage. *Mo–Sa 10–20 Uhr | Königsallee 2 | breuninger.com | Straßenbahn 701, 705, 706, U-Bahn U71–U73, U83 Schadowstraße | Stadtmitte | c3*

INSIDER-TIPP
Mit Chauffeur zur Shoppingtour

18 BEYOND STUDIOS

Einmal volltanken mit Fashion, bitte! Im Industrieflair einer ehemaligen Tankstelle warten minimalistische Styles ausgewählter Marken wie Hope, Filippa K oder Les Coyotes de Paris darauf, entdeckt zu werden. *Mo–Sa 10–19 Uhr | Stresemannstr. 8 | beyondstudios.shop | U-Bahn Steinstraße/Königsallee | Stadtmitte | d4*

19 KLEIDSAM

Kleidsam hat junge, urbane Mode mit Lieblingsstückpotenzial. Neben internationalen Marken wie Sessùn oder Aunts & Uncles sind auch kleine Labels aus Deutschland im Programm. Originell: das Schwestergeschäft *Hab + Gut* nebenan mit Accessoires und Geschenkideen im skandinavischen Stil oder mit Ruhrpott-Charme. *Di–Fr 11–19, Sa 12–17 Uhr | Neusser Str. 123 | kleidsam.eu | Straßenbahn 706, 707, 709 Bilker Kirche | Unterbilk | D11*

DAS BÜDCHEN

Das Büdchen ist kaum mehr als ein Fenster mit ein paar Regalen dahinter und trotzdem eine Düsseldorfer Institution: Auf winzigem Raum wird hier so gut wie alles verkauft, und zwar auch außerhalb der üblichen Ladenöffnungszeiten. Von Süßigkeiten über Zigaretten und Konserven wird bis hin zu Babywindeln so manches über das Fensterbrett gereicht, was ausgerechnet am Wochenende oder am Abend ausgegangen ist. Die Büdchen sind aber nicht nur dann Anlaufstellen, sondern Treffpunkte ganzer Nachbarschaften, an denen geplauscht und das soeben gekaufte Eis gleich aufgenascht wird.

Shopping de luxe! Das Breuninger bietet Edles und Schickes auf fünf Etagen

20 STRIKE

Kultige Teile zum günstigen Preis: Hier gibt's Vintage- und Secondhandkleidung von Topmarken wie Adidas, YSL oder Boss. *Mo–Fr 12–18.30, Sa 11–18.30 Uhr | Brunnenstr. 9 | strike-duesseldorf.business.site | U-Bahn U71–73, U83, S-Bahn S8, S11, S28 Düsseldorf Bilk | Bilk | E11*

21 WUNDERWERK

Wunderschön und nachhaltig: Bereits seit 2013 setzt Heiko Wunder mit seinem Düsseldorfer Label auf faire und ressourcenschonende Herstellung. Im Flagshipstore in Flingern findest du cleane und coole Looks, die du mit gutem Gewissen shoppen kannst. *Mo–Fr 11–14.30 und 15–18, Sa 10–18 Uhr | Ackerstr. 133 | wunderwerk.com | Straßenbahn 708, 709 Birkenstraße, U-Bahn U71–73, U83 Uhlandstraße | Flingern Nord | G8*

22 PLUP

INSIDER-TIPP
Aus alt wird stylish

Plup steht für Planet Upcycling und bietet Mode und Accessoires aus wiederverwerteten und nachhaltigen Materialien: Die ungewöhnlichen Teile reichen von Taschen aus alten Feuerwehrschläuchen oder aus den Ösen recycelter Getränkedosen bis hin zu Brillen aus ausgedienten Skateboards. Die Stücke sind ausgefallen, aber alltagstauglich und erschwinglich. *Mo, Do/Fr 11–19, Di/Mi 14–19, Sa 11–16 Uhr | Ackerstr. 168b | planet-upcycling.de | U-Bahn U72, U73, U83, Straßenbahn 706 Lindemannstraße | Flingern Nord | H8*

23 LIEBLINGSSTÜCKE

Weiterverkaufen statt wegwerfen: In diesem gemütlichen Secondhandladen (der eher wie eine kleine Boutique anmutet) finden Vintagefans garantiert ein paar neue alte Lieblingsstücke. *Mi–Fr 10–13 und Di–Fr 15–18.30, Sa 11–14 Uhr | Bruchstr. 1 | lieblings-stuecke.de | Straßenbahn 706, Bus 834 Lindenstraße | Flingern Nord | H8*

24 BROKE

Passend zum entspannten Flair im hippen Stadtteil Pempelfort findest du bei Broke lässige Skate- und Streetwear von Marken wie Carhartt, Vans oder Burton. Neben Kleidung, Schuhen und Accessoires (sowohl neu als auch gebraucht) gibt's auf schnuckeligen 22 m² auch Grafikbücher, Asian-Art-Movies und andere popkulturelle Schätze. *Di–Fr 14–18.30, Sa 12–16 Uhr | Tussmannstr. 5 | brokebutrich.de | Straßenbahn 706 Tußmannstraße, S-Bahn S6, S11 Düsseldorf Zoo | Pempelfort | G7*

SCHMUCK & ACCESSOIRES

25 CEBRA

INSIDER-TIPP
Kunst zum Tragen

In dem Geschäft mit Galerie entwirft Anemone Tontsch kreative Stücke aus ungewöhnlichen Materialien. Hier kannst du nicht nur besonderen Schmuck für kleines Budget erstehen, sondern im Rahmen der wechselnden Events und Ausstellungen auch Werke von internationalen Künstlern und Designern bewundern. *Do–Sa 11–18.30 Uhr | Andreasstr. 25 | galerie-cebra.de | U-Bahn Heinrich-Heine-Allee | Altstadt | c3*

26 BLOME

Ein Uhrenspezialist, der neben seltenen und noblen, limitierten Kollektionen auch sportliches Design führt. Ex-

Hier kommt Ken zu seiner Barbie: Sonntags ist Flohmarkt auf dem Radschlägermarkt klusiven Service durch die hauseigene Meisterwerkstatt gibt's obendrauf. *Mo–Fr 10–19, Sa 10–18 Uhr | Königsallee 30 | blome-uhren.de | U-Bahn Steinstraße/Königsallee | Stadtmitte | c3*

27 BUCHERER

Das Schweizer Traditionsunternehmen präsentiert in seiner Filiale auf der Kö (wo auch sonst) ein exklusives Edelstein- und Perlenschmucksortiment. *Mo–Fr 10–19, Sa 10–18 Uhr | Königsallee 26 | bucherer.com | Straßenbahn 701, 705, 706, U-Bahn U71–U73, U83 Schadowstraße | Stadtmitte | c3*

SCHUHE

28 AFEW STORE

Wenn hippe bärtige Jungs vor einem Geschäft in Düsseldorf campieren, dann ist es entweder der Apple Store oder Afew: Exklusive und limitierte Sneaker von Nike, Adidas, Reebok und Co. sorgen hier regelmäßig für Aufregung. Aber auch das feste Sortiment kann sich sehen lassen – 600 Marken auf 130 m²! *Mo–Fr 12–20, Sa 11–19 Uhr | Oststr. 36 | afew-store.com | Straßenbahn 707 Klosterstraße | Stadtmitte | e3*

29 SCHUHWIESE

Hochwertig, individuell und superbequem: Naturschuhe verschiedener Marken sind in der Schuhwiese inklusive freundlicher und fachkundiger Beratung zu haben. *Mo–Sa 10.30–18.30 Uhr | Kapuzinergasse 1–3 | schuhwiese.de | U-Bahn Heinrich-Heine-Allee | Altstadt | b3*

VINTAGE & TRÖDEL

30 VASELINE ★

Vaseline ist Kult! Seit mehr als 20 Jahren verkauft Rolf Buck in seinem Concept-Store in der Altstadt handverlesenen Vintageschmuck, abgefahrene Retromöbel und schrille Deko- und Lifestyleartikel aus aller Welt. Der kleine Laden liegt etwas versteckt in der gemütlichen Wallstraße und ist ein wahres Kuriositätenkabinett. Hier schlagen die Herzen von Einrichtungsfans und Sammlern höher! *Mo, Do–Sa 12–18 Uhr | Wallstr. 35 | U-Bahn Heinrich-Heine-Allee | Altstadt | c3*

31 HITSVILLE RECORDSTORE

Vinylliebhaber aufgepasst: Im ältesten Plattenladen der Stadt gibt es gut sortiert Klassiker und Raritäten aller Musikrichtungen, neu und secondhand. Die freundlichen Verkäufer sind absolute Experten und helfen gerne weiter. *Mo–Fr 12–18.30, Sa 11–18 Uhr | Wallstr. 21 | hitsville.de | U-Bahn Heinrich-Heine-Allee | Altstadt | b3*

32 RADSCHLÄGERMARKT ★

Das ist noch ein richtiger Trödelmarkt. Seit 1972 lädt er in unregelmäßigen Abständen sonntags auf dem Gelände des Großmarkts zur Schatzsuche ein und ist Düsseldorfs ältester Flohmarkt. Die Mischung aus Antikem, Kitsch und Trödel überzeugt. Neuwaren sind hier strengstens verboten! Aktuelle Termine findest du auf der Website. *Ulmenstr. 275 | radschlaegermarkt-duesseldorf.de | Straßenbahn 705, 707, Bus 729 Großmarkt | Derendorf | E4*

AUSGEHEN & FEIERN

Die erste Adresse für rustikale Bierabende und durchtanzte Nächte ist Düsseldorfs Altstadt: Bei über 250 Kneipen und Restaurants auf 2 km² dürfte an der „längsten Theke der Welt" jeder seinen Favoriten finden. Ein Altstadtabend funktioniert so: von einer Kneipe zur nächsten ziehen, hier mal reinschauen, da mal länger bleiben und zwischendurch einen Happen essen. Schön nah beieinander gibt es alles vom Ballermann-Niveau bis zu schicken Bistros, Studentenkneipen, ein paar Discos, Künstlercafés, Brauhäusern sowie ein bisschen Kleinkunst.

Mit einem Drink in den Abend starten? Na los! Die Stadt hat viele spannende Bars

Sehr gute Bars und Partylocations mit etwas mehr Geheimtipp-Faktor findest du auch außerhalb der Innenstadt: Ein abendlicher Trip nach Flingern oder Pempelfort lohnt sich; Reservierungen sind am Wochenende aber Pflicht.

Im Sommer braucht man seinen Abend meist gar nicht erst groß zu planen: Ist es heiß, herrscht Ebbe in den Kneipen, denn die Düsseldorfer treffen sich lieber an der ★ *Rheinuferpromenade* und auf dem Burgplatz. Sonnenuntergang gucken, klönen, Musik machen und dazu ein Bier genießen – das ist ihre Lebensart.

WO DÜSSELDORF AUSGEHT

NIEDERKASSEL

Luegallee

Oberkasseler Brücke

Düsseldorfer Straße

KURZE STRASSE & RATINGER STRASSE

Wo sich die „längste Theke der Welt" von ihrer entspannteren Seite zeigt

OBERKASSEL

Rheinuferpromenade ★

Rheinkniebrücke

Rhein

Roncalli's Apollo Varieté ★

HAFEN

Schicke Bars und Clubs, in die nicht jeder reinkommt: Hier mag man es gediegen

Holzstraße

Düsseldorf-Hamm

Bilker Allee

MARCO POLO HIGHLIGHTS

★ **RHEINUFERPROMENADE**
Die schönsten Sonnenuntergänge ➤ S. 89

★ **ELLINGTON**
Für Wagemutige: Probier den „Q", einen Wodkadrink mit Gurke und Wasabi ➤ S. 92

★ **SILQ**
Ausgelassen feiern im Elektro-Tempel auf zwei Ebenen ➤ S. 93

★ **RONCALLI'S APOLLO VARIETÉ**
Magie und Artistik in Perfektion erleben oder lieber ein Drei-Gänge-Menü genießen? Hier geht beides ➤ S. 98

★ **KOM(M)ÖDCHEN**
„Immer positiv dagegen" – und eines der bekanntesten Kabaretts der Republik ➤ S. 99

PEMPELFORT
BERMUDADREIECK PEMPELFORT
Der Kiez trifft sich auf Bier und Wein – in lauen Sommernächten ist es nirgendwo gemütlicher
Düsseldorf Zoo
Kaiserstraße
Toulouser Allee
Tonhalle/Ehrenhof
Adlerstraße
Jägerhofstraße
Grafenberger Allee
Jacobistraße
Hofgarten
Kölner Straße
Ellington
Kom(m)ödchen
Silq
Heinrich-Heine-Allee
NÖRDLICH DER ALTSTADT
Zum Kulturtanken in die Tonhalle oder Oper
ALTSTADT
Breite Straße
Berliner Allee
Oststraße
Karlstraße
Kölner Straße
CARLSTADT
STADTMITTE
Düsseldorf Hauptbahnhof
Graf-Adolf-Straße
BOLKERSTRASSE
Das Mekka fürs Partyvolk: Hier wird's garantiert feuchtfröhlich
Herzogstraße
Hüttenstraße
Friedrichstraße
Corneliusstraße
Kruppstraße
FRIEDRICHSTADT
Oberbilker Allee
Bilker Allee
Oberbilker Allee
UNTERBILK
Düsseldorf-Bilk
Volksgarten
Auf'm Hennekamp
Suitbertusstraße
Merowingerstraße
Karolingerplatz
BILK
Cocktailbar, Kneipe, Kunstkino? Im lässigen Bilk feiern junge Leute die Feste, wie sie fallen
Mecumstraße
400 m
437 yd

BARS

1 BAR CHÉRIE

Très français und urgemütlich ist die Bar Chérie – der perfekte Ort für ein Date. Neben der umfangreichen Weinkarte locken vor allem die stadtbekannt guten Flammkuchen. Falls euch der Gesprächsstoff ausgeht, einfach mal die Schublade unterm Tisch öffnen. *Mo–Fr ab 17, Sa/So ab 15 Uhr | Kurze Str. 2 | U-Bahn Heinrich-Heine-Allee | Altstadt | b3*

INSIDER-TIPP
Versteckte Botschaften

2 BEUYS BAR

Am Rand der Altstadt werden hier in stilvollem Ambiente hochwertige Cocktails serviert. Große Auswahl an Rum, Gin und Whisky. *Mi/Do 19–1, Fr–So 19–3 Uhr | Neubrückstr. 2 | beuysbar.com | U-Bahn Heinrich-Heine-Allee | Altstadt | c2*

WOHIN ZUERST?

Heinrich Heine wäre stolz gewesen: Wenn sich die Düsseldorfer abends verabreden, treffen sie sich an der **Heinrich-Heine-Allee** *(E8–9)* oder am Ende der **Bolkerstraße** *(E9)*, in der Heine geboren wurde. Von dort aus geht's in die Altstadt. Wer nicht direkt auf **The Eight**, den **Salon des Amateurs** oder die **Beuys Bar** zusteuert, wählt eine der vielen Kneipen. Die großen Clubs und Kulturhäuser sind ebenfalls nah. Vom U-Bahnhof Heinrich-Heine-Allee aus ist man schnell in ganz Düsseldorf.

3 MELODY-BAR

Bloß nicht vorbeilaufen! Die kleine Cocktailbar im Oldschool-Style ist von außen leicht zu übersehen, drinnen aber umso klarer und gerade für Altstadtverhältnisse angenehm dezent. Ein Abstecher lohnt sich allein schon für die großartigen Daiquiris. *Mi/Do 20–2, Fr/Sa 20–4 Uhr | Kurze Str. 12 | U-Bahn Heinrich-Heine-Allee | Altstadt | b3*

4 SIR WALTER

Bereit für die große Bühne? Gegenüber der Oper warten hinter schweren Theatervorhängen edle Drinks auf (preislich) hohem Niveau. *Di–Sa ab 19 Uhr | Heinrich-Heine-Allee 12 | Facebook: SirWalterBar | U-Bahn Heinrich-Heine-Allee | Altstadt | c3*

5 BAR ALEXANDER

Klassische Bar und echte Institution in Unterbilk. Du kannst dich nicht für einen Drink entscheiden? Dann buch den *Bar Alexander Flight* (ab zwei Personen) und lass dich mit vier Cocktails in Probiergröße überraschen! *Di–Do 19–1, Fr/Sa 19–3 Uhr | Düsselstr. 71 | Facebook | U71–73, U83 Kirchplatz, Straßenbahn 707 Kronprinzenstraße | Unterbilk | D11*

INSIDER-TIPP
Nonstop in den Cocktail-Himmel

6 ELLINGTON ★

Etwas versteckt, aber unweit des Hauptbahnhofs liegt diese Perle der Düsseldorfer Barszene. Dunkles Holz, entspannte Jazzklänge und erstklassige Cocktails – hier sind echte Profis am Werk. *Di–Sa ab 20 Uhr | Scheu-*

renstr. 5 | Facebook | Straßenbahn 708, 709 Stresemannplatz | Friedrichstadt | 🕮 d5

7 PETIT PUNCH

Die Adresse für alle Rum-Fans und die, die es noch werden wollen: Knapp 50 Sorten stehen auf der Karte der gemütlichen Bar. Der Hausdrink „Ti Punch" befördert dich aus Pempelfort auf direktem Weg in die Karibik! *Di-Do 18–1, Fr/Sa 19–3 Uhr | Jülicher Str. 9 | Facebook | Straßenbahn 701, 705, 707 Dreieck |* Pempelfort | 🕮 F6–7

8 SQUAREBAR

In einem früheren Rheinbahn-Häuschen versteckt sich eine der gemütlichsten Cocktailbars der Stadt. Die liebevoll zusammengewürfelte Einrichtung mit Fifites-Charme ist ebenso kreativ wie die hauseigenen Getränkekreationen. Lässig, familiär und einfach gut! *Mi, Do, So ab 18, Fr/Sa ab 19 Uhr | Collenbachstr. 57 | squarebar-duesseldorf.de | Straßenbahn 705, 707 Essener Straße |* Derendorf | 🕮 F6

CLUBS & DISCOS

In einigen Clubs muss man Eintritt zahlen, manche haben Türsteher.

9 CUBE

„Zwischen Szene und Mainstream feiern wir Partys, die keiner vergisst" – dieses Motto ist im Club Programm. Bunt gemischtes Publikum, viele Studenten. *Fr/Sa ab 20 Uhr | Mertensgasse 8 | Facebook: cube.dusseldorf | U-Bahn Heinrich-Heine-Allee |* Altstadt | 🕮 b3

Gerührt oder geschüttelt, in den Bars der Stadt kriegst du feine Drinks gezaubert

10 SILQ ★

Auf der großen Uhr hinter der Bar ist es immer kurz vor zwölf – höchste Zeit zu feiern! Im angesagten Silq Club wummern die Elektrobeats auf zwei Ebenen zwischen Street-Art und Wänden aus Beton. Auch internationale DJ-Größen legen hier auf. *Fr/Sa ab 21 Uhr | Mertensgasse 2 | silqclub.de | U-Bahn Heinrich-Heine-Allee |* Altstadt | 🕮 b3

11 EL PAPAGAYO

Bunt wie ein Papagei sind auch die Partys im Papagayo. Auf zwei Ebenen gibt's House, Charts, R'n'B und Hip-Hop, 🐷 bis 22 Uhr bei freiem Eintritt. Berühmt-berüchtigt: die Tequilabar

Kulturfabrik: Im Zakk schallt Livemusik und mehr durch die alten Hallen

im alten Gewölbekeller. *Di–Sa ab 20 Uhr | Mertensgasse 2 | elpapagayo.de | U-Bahn Heinrich-Heine-Allee | Altstadt | b3*

12 OH BABY ANNA

Enter a bar, leave a club: Nimm einen Drink an der 10 m langen Marmorbar und tanz unter Spiegelinstallationen und bei bestem Sound zu elektronischer Musik. *Fr/Sa ab 21 Uhr | Andreasstr. 11 | ohbabyanna.de | U-Bahn Heinrich-Heine-Allee | Altstadt | b3*

13 CLUB CZERNY

Hardtechno im Underground-Club. Für einige Events gibt's Tickets auch im Vorverkauf. *Fr/Sa ab 23 Uhr | Ratinger Mauer 1 | czerny.club | U-Bahn Heinrich-Heine-Allee | Altstadt | c2*

14 SCHLÖSSER QUARTIER

Das Quartier ist tagsüber ein Restaurant. Abends steigen Partys im Club. Wenn dort DJs Groove, Funk, Partyklassiker und House auflegen, stehen die Gäste bis weit auf die Straße Schlange. Im großen Saal gibt es außerdem Konzerte, Comedy- und andere Veranstaltungen. *Mi–Sa ab 17 Uhr | Ratinger Str. 25 | schloesser-quartier.de | U-Bahn Heinrich-Heine-Allee | Altstadt | c2*

15 SALON DES AMATEURS

Langer, schmaler Schlauch mit bequemen Sesseln, guter Musik, ausgewähltem Angebot an Cocktails und interessantem Publikum vorwiegend aus der Künstler- und Intellektuellenszene. *Fr/Sa ab 22 Uhr | Grabbeplatz 4 | salondesamateurs.de | U-Bahn Heinrich-Heine-Allee | Altstadt | c3*

16 THE EIGHT

In dem schicken Club direkt an der Rheinuferpromenade wird lange und ausgelassen gefeiert – zu Black Music, House, Reggaeton und mehr. *Fr/Sa ab 23 Uhr | Rathausufer 8 | the-eight.de | U-Bahn Heinrich-Heine-Allee | Altstadt | b3*

17 NACHTRESIDENZ

Eventlocation in einem alten Theater – für die oberen Zehntausend und alle, die sich gern so fühlen wollen. Wer es noch exklusiver mag, bucht sich einen Tisch im VIP-Bereich. *Fr/Sa ab 23 Uhr | Bahn-*

INSIDER-TIPP
VIP für eine Nacht

str. 13–15 | nachtresidenz.de | U-Bahn Steinstraße/Königsallee | Stadtmitte | 🕮 c4

18 RUDAS STUDIOS

Hotspot im angesagten Medienhafen. In dem ehemaligen Film- und Tonstudio gibt's nicht nur jede Menge Partys, sondern auch Livekonzerte. Anstehen solltest du allerdings einplanen. *Fr/Sa ab 22.30 Uhr | Zollhof 11 | rudas-studios.com | Straßenbahn 706, 707, Bus 726 Franziusstraße | Unterbilk | 🕮 C10*

19 STAHLWERK

Durchs ehemalige Stahlwerk dröhnen heute bei wechselnden Mottopartys die Beats: mal Rock, mal Techno, mal 90er. *Fr/Sa ab ca. 22 Uhr | Ronsdorfer Str. 134 | stahlwerk.de | U-Bahn U75 Ronsdorfer Straße, Bus 734, 736 Langenberger Straße | Lierenfeld | 🕮 H10*

JAZZ, ROCK & POP

20 SCHICKIMICKI

Hier ist der Name ausnahmsweise mal nicht Programm. Der kleine Club mitten in der Altstadt will alles sein, nur kein Schickimicki: wild, rockig, herzlich. Und das auf kuscheligen 65 m^2 – da ist Schwitzen vorprogrammiert! *Fr/Sa ab 22 Uhr | Neustr. 51 | U-Bahn Heinrich-Heine-Allee | Altstadt | 🕮 c3*

21 MAHIKI CLUB

Aloha! Wer Urlaub vom Urlaub braucht, ist auf dieser Tanzfläche richtig. Der Club im Tiki-Style serviert bunte Rumcocktails zu Latin, House und sommerlichen Beats. *Sa ab 22.30 Uhr | Hunsrückenstr. 22 | mahikiclub.de | U-Bahn Heinrich-Heine-Allee | Altstadt | 🕮 c3*

22 JAZZ-SCHMIEDE

Ein Muss für jeden Jazzfan. Dienstags gibt es Jamsessions *(ab 20 Uhr | Eintritt frei)*, an anderen Tagen werden Konzerte veranstaltet. *Himmelgeister Str. 107g | jazz-schmiede.de | Straßenbahn 701, 706, Bus 827 Moorenstraße | Bilk | 🕮 E13*

23 AK47

Wilder wird's nicht! „Düsseldorfs Punkrockklupp No. 1" im einstigen Hausbesetzerviertel ist legendär und bietet regelmäßige Livekonzerte im Underground-Ambiente. Veranstaltungen und Termine s. Website. *Kiefernstr. 23 | ak47-dusseldorf.com | Straßenbahn 706 Fichtenstraße, U-Bahn U75 Kettwiger Straße | Flingern Süd | 🕮 H10*

24 ZAKK

Das *Zentrum für Aktion, Kultur und Kommunikation* bietet in einer alten Fabrikhalle in Flingern Partys, Konzerte, Lesungen und Poetry-Slams. Im Sommer ist das alljährliche Zakk-Straßenfest ein Muss für alle Hipster, Studenten und jungen Muttis im Viertel. *Fichtenstr. 40 | Tel. 0211 9 73 00 10 | zakk.de | Straßenbahn 706 Fichtenstraße, U-Bahn U75 Kettwiger Straße | Flingern Süd | 🕮 H10*

KINO & FILMKUNST

Neben Multiplexkinos mit aktuellen Produktionen machen Düsseldorfs Filmkunstkinos die Auswahl bunt. Alle Programme findest du auf *biograph.de*.

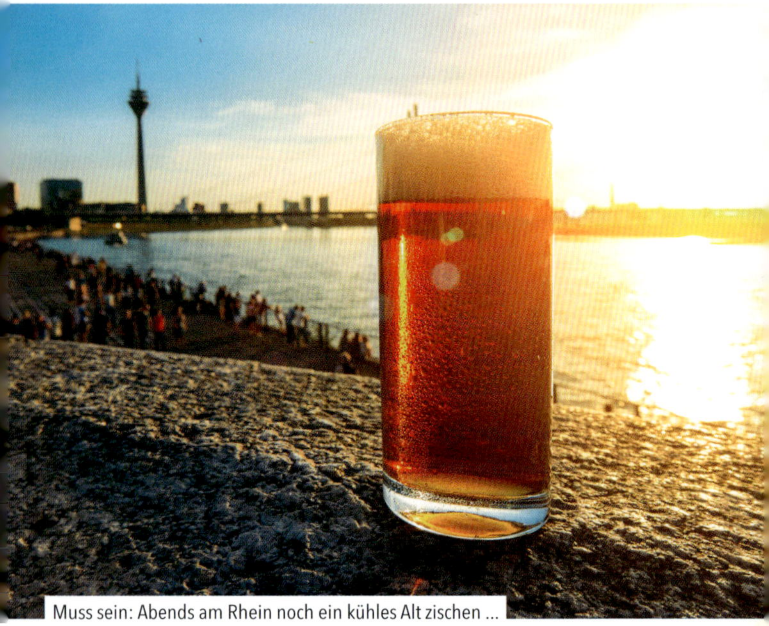

Muss sein: Abends am Rhein noch ein kühles Alt zischen ...

25 BLACK BOX

Kino im Filmmuseum, die Schwerpunkte sind Filmgeschichte und Retrospektiven. Gezeigt werden große Filmklassiker und modernes Experimentelles. Einzigartig: Die historische Kinoorgel begleitet mehrmals im Jahr wechselnde Stummfilmvorführungen. *Schulstr. 4 | Tel. 0221 8992232 | duesseldorf.de/filmmuseum/black-box | U-Bahn U71–U73, U83 Benrather Straße | Altstadt | b3*

26 BAMBI-FILMSTUDIO

Schönes altes Programm- und Premierenkino mit zwei Sälen. Im Hauptsaal sitzt du wie zur Gründung des Hauses 1965 unter einem zauberhaften Sternenhimmel. Neu ist die Digitaltechnik. *Klosterstr. 78 | Tel. 0211 353635 | filmkunstkinos.de/kinos/bambi | Straßenbahn 707 Klosterstraße | Stadtmitte | e3*

27 METROPOL

Das letzte Stadtteilkino Düsseldorfs – in Bilk, immer noch nahe der Innenstadt. Auf der Großbildleinwand des Programmkinos wirken auch 70-mm-Klassiker. *Brunnenstr. 20 | Tel. 0211 349709 | filmkunstkinos.de/kinos/metropol | U-Bahn U71–73, U83 Düsseldorf-Bilk, S-Bahn S8, S11, S28 Bilk S | Bilk | E11*

28 SOUTERRAIN

Urgemütliches Kellerkneipenkino im Oberkasseler *Café Muggel* mit Bar und viel Beinfreiheit. *Dominikaner-*

str. 4 | Tel. 0211 5571831 | U-Bahn U74–U77 Barbarossaplatz | Oberkassel | C8

29 FILMWERKSTATT

Zum Programm der Filmwerkstatt gehören Ausstellungen, Vorträge und Filmvorführungen. Der Eintritt ist günstig, das Sommer-Open-Air-Kino sogar kostenlos. *Birkenstr. 47 | Tel. 0221 4080701 | filmwerkstatt-duesseldorf.de | Straßenbahn 708, 709 Birkenstraße | Flingern | G9*

KNEIPEN

30 KREUZHERRENECKE

Der älteste Schnapsausschank der Altstadt. Ungeschriebenes Gesetz: Jeder Düsseldorfbesucher muss hier einen Salmiakki getrunken haben! Der Lakritzlikör nach finnischem Vorbild ist eine regionale Spezialität. *Di–So ab 16 Uhr | Altestadt 14 | kreuzherrenecke.info | U-Bahn U70, U74–U77 Tonhalle/Ehrenhof | Altstadt | b2*

INSIDER-TIPP
Schon mal Lakritze genippt?

31 OHME JUPP

Auf der Karte der gemütlichen Szenekneipe in der Altstadt stehen auch kleine Bistrogerichte. Den Kater am Sonntag bekämpfst du am besten mit dem üppigen Frühstücksbüfett! *Mo–Sa 9–1, So 10–1 Uhr | Ratinger Str. 19 | U-Bahn Heinrich-Heine-Allee | Altstadt | c2*

32 ZUR UEL

Traditionsreiche Altstadtkneipe für Studenten und ältere Semester. *Mo, Do–So ab 11 Uhr | Ratinger Str. 16 | zuruel.de | U-Bahn Heinrich-Heine-Allee | Altstadt | c2*

33 KASEMATTEN

Eher Touri-Hotspot als Geheimtipp, kommt man um die Kasematten einfach nicht herum: Fünf Kneipen und Bistros servieren in erster Reihe am Rheinufer alles vom Cocktail bis zum Fischbrötchen. Der Blick auf den Rhein ist unschlagbar – wer hier sitzt, hat aber meist nur Augen für die vorbeischlendernden Flaneure oder das Fußballspiel auf einer der Großbildleinwände. *Tgl. 10–24 Uhr | Untere Rheinwerft | kasematten-duesseldorf.de | U-Bahn Heinrich-Heine-Allee | Altstadt | b3*

34 AB DER FISCH

Gemütliche Kiezkneipe in Pempelfort. Obwohl sie abseits vom Citytrubel liegt, ist es hier trotzdem immer voll. Noch dazu gibt es gutes Essen. *Tgl. ab 9 Uhr | Moltkestr. 124 | abderfisch.de | Straßenbahn 706 Tussmannstraße, S-Bahn S1, S6, S11 Düsseldorf-Zoo | Pempelfort | e1*

KONZERTE

Die Stadt hat mit den Symphonikern ein hervorragendes Ensemble. Dazu veranstalten die Orchester der *Robert-Schumann-Musikhochschule (Fischerstr. 110 | rsh-duesseldorf.de | U-Bahn U78, U79 Kennedydamm | E7)* und der *Clara-Schumann-Musikschule (Prinz-Georg-Str. 80 | duesseldorf.de/musikschule | Straßenbahn 704 Stockkampstraße | F7)* regelmäßig öffentliche Konzerte. Gemischtes Programm bieten *Merkur Spiel-Arena (merkur-*

spiel-arena.de), PSD Bank Dome (psd-bank-dome.de) und *Mitsubishi-Electric-Halle (mitsubishi-electric-halle.de).*

35 PALAIS WITTGENSTEIN

Klassik hautnah: Die Kammerkonzerte der Düsseldorfer Symphoniker sind ein ganz besonderes Erlebnis – nicht zuletzt wegen der einmaligen Atmosphäre des historischen Palais Wittgenstein. *Bilker Str. 7–9 | Tel. 0211 8 99 66 69 | U-Bahn U71–U73, U83 Benrather Straße, Straßenbahn 706, 708, 709 Poststraße | Carlstadt | b4*

36 TONHALLE

Im ehemaligen Planetarium am Rheinufer kannst du Sternstunden der Musik erleben. Unter der beeindruckenden Kuppel werden neben Klassik- und Popkonzerten aber auch Comedy-Events veranstaltet. *Ehrenhof 1 | Tel. 0211 91 38 75 38 | tonhalle.de | U70, U74–U77 Tonhalle/Ehrenhof | Pempelfort | b2*

OPER & TANZ

37 DEUTSCHE OPER AM RHEIN

Düsseldorf und Duisburg unterhalten die Oper gemeinsam, um Kosten zu sparen und trotzdem ein gutes Programm zu bieten. Es umfasst Opern, Operetten, Musicals und Ballett. *Heinrich-Heine-Allee 16a | Tel. 0211 8 92 52 11 | operamrhein.de | U-Bahn Heinrich-Heine-Allee | Stadtmitte | c3*

38 TANZHAUS NRW

Einzigartige Einrichtung, in der sich alles um Tanz dreht – vor allem um afrikanische und lateinamerikanische Tanz- und Musikkultur. Mit Bar und Restaurant. *Erkrather Str. 30 | Tel. 0211 17 27 00 | tanzhaus-nrw.de | Straßenbahn 704, 708, 709, Bus 721, 722, 738 Worringer Platz | Oberbilk | G9*

THEATER & BÜHNEN

39 THEATER AN DER LUEGALLEE

In dem kleinen Saal mit dem besonderen Charme eines Pariser Vorstadttheaters sind hintergründige Komödien, Revuen und Gastspiele zu sehen. *Luegallee 4 | Tel. 0211 57 22 22 | theaterluegallee.de | U-Bahn U74–U77 Luegplatz | Oberkassel | D8*

40 RONCALLI'S APOLLO VARIETÉ ★

Artisten aus aller Welt präsentieren eine atemberaubende Mischung aus Akrobatik, Comedy, Jonglage und Musik. Die hauseigene Küche genießt du während der Vorstellung oder im Panoramarestaurant mit Rheinblick auch unabhängig von den Shows. *Geöffnet an Spieltagen ab 2 Std. vor Showbeginn | Apollo-Platz | Tel. 0211 8 28 90 90 | apollo-variete.com | Straßenbahn 706, 708, 709 Landtag/Kniebrücke | Carlstadt | a4*

41 MARIONETTENTHEATER

Hier fällt alles ein bisschen kleiner aus – Darsteller, Zuschauerraum und auch die Bühne. Umso stärker ist dagegen die magische Wirkung der Opern- und Märcheninszenierungen. *Bilker Str. 7 | Palais Wittgenstein | Tel. 0211 32 84 32 | marionettentheater-duesseldorf.de | U-Bahn U71–U73, U83 Benrather Straße, Straßenbahn 706, 708, 709 Poststraße | Carlstadt | b4*

Standard oder Urban Dance, im Tanzhaus NRW kommt alles aufs Parkett

42 KOM(M)ÖDCHEN ★ ⚑

Düsseldorfs einziges, dafür aber auch in der ganzen Republik bekanntes Kabarett. Hier sind Talente entdeckt worden, z. B. Mathias Richling und Thomas Freitag. Seit dem Tod der Gründer Kay und Lore Lorentz führt ihr Sohn das Haus. *Kunsthalle | Kay-und-Lore-Lorentz-Platz | Tel. 0211 32 94 43 | kommoedchen.de | U-Bahn Heinrich-Heine-Allee | Altstadt | c3*

43 SCHAUSPIELHAUS

Das offizielle Düsseldorfer Theater hat drei Spielstätten: das *Schauspielhaus (Gustaf-Gründgens-Platz 1 | U-Bahn U71–U73, U83 Schadowstraße | Stadtmitte | d2–3)*, das *Central (Worringer Str. 140 | Hbf. | Stadtmitte | G9)* und das *Junge Schauspiel (Münsterstr. 446 | U-Bahn U71 Am Schein | Mörsenbroich | H4)*. Sonntags gibt es oft Matineen. *Tel. 0211 36 99 11 | dhaus.de*

44 TAKELGARN THEATER

Neben Comedy, Konzerten und Kabarett für Erwachsene könnt ihr bei Takelgarn auch Zaubershows sowie ein Kindertheater erleben. *Philipp-Reis-Str. 10 | Tel. 0211 33 06 99 | takelgarn.de | Straßenbahn 704, 707 Fürstenplatz, S-Bahn S8, S11, S28 Friedrichstadt S | Friedrichstadt | F11*

45 CAPITOL THEATER

Das größte Theater der Stadt befindet sich in einem ehemaligen Straßenbahndepot und bietet Musicals, Konzerte sowie Comedy unter einem Dach. Es gibt zwei Bühnen – der kleinere „Club" ist auch das Zuhause des Boulevardtheaters *Komödie (komoedie-steinstrasse.de)*. *Erkrather Str. 30 | Tel. 0211 7 34 40 | capitol-theater.de | Straßenbahn 704, 708, 709, Bus 721, 722, 738 Worringer Platz | Oberbilk | G9*

AKTIV & ENTSPANNT

Yoga, chillen oder baggern am Rhein? Geht alles am Paradiesstrand

SPORT, SPASS & WELLNESS

FITNESS

In Düsseldorf findet das Leben draußen statt. Das gilt auch beim Sport. Wem es zu langweilig ist, allein durch den Park zu joggen, sollte sich das Angebot von *Sport im Park (April–Okt. | Facebook)* ansehen: Die kostenlosen Trainings sind offen für jeden und reichen von Fitness über Tai Chi bis Zumba.

Und wenn's regnet? Dann powere dich auf überdachten 5000 km² im Trampolinpark aus. Bei *Superfly Air Sports* warten neben Profi-Trampolinen auch anspruchsvolle Parcours und Klettersequenzen *(Di–Do 15–20, Fr 10–22, Sa 10–21, So 10–20 Uhr | ab 16,90 Euro/Std. | Kappeler Str. 126 | superfly.de/duesseldorf | U-Bahn U71, U83 Kappeler Straße, S-Bahn S6, S68 Reisholz S | Reisholz | 0)*.

SKATEN & EISLAUFEN

Im Sommer ist die *Rollnacht (rollnacht.de)* das Event für Inlineskater: Von April bis September geht's am Donnerstagabend ab 20 Uhr 21 km quer durch die Stadt. Start und Ziel ist die Reuterkaserne *(Altstadt | E8)* beim Burgplatz; Skates können geliehen werden. Wer Kufen statt Rollen bevorzugt, kommt nicht zu kurz: Im *Eisstadion an der Brehmstraße (Sept.–März, aktuelle Laufzeiten unter Tel. 0211 8 99 52 26 | Eintritt 2,80 Euro, Schlittschuhverleih 4 Euro | Brehmstr. 27 | Straßenbahn 708, U-Bahn U71 Grunerstraße | Düsseltal | G7)* feierte die DEG einst ihre größten Erfolge. Jetzt kann hier jeder Runden drehen und in der eisfreien Zeit im Sommer Inlinehockey spielen.

SCHWIMMEN & WASSERSPORT

Wenn du mal abtauchen willst, geht das in ganz besonderer Atmosphäre: Im historischen Jugendstilbad *Münster-Therme (Di–Fr 6.30–21, Sa/So 9–17 Uhr | Tageskarte 5,40 Euro | Münsterstr. 13 | baeder-duesseldorf.de | Stra-*

Genug Cityluft geschnuppert? Dann gönn dir entspanntes Planschen

ßenbahn 701, 705, 707 Dreieck | *Pempelfort* | *🕮 F7)* ziehst du deine Bahnen unter einem an eine Basilika erinnernden Gewölbe. Draußen gibt's ein 32 °C warmes Thermalsolebecken, angeschlossen ist außerdem eine Salzgrotte. Für etwas mehr Action steuerst du am besten das Freizeitbad *Düsselstrand* an *(Mo–Fr 9–22, Sa/So 8–20 Uhr | Eintritt ab 6,20 Euro, Kinder ab 4,30 Euro | Kettwiger Str. 50 | baeder-duesseldorf.de | Straßenbahn 706, Bus 738 Stadtwerke/Düsselstrand, U-Bahn U75 Kettwiger Straße | Flingern Nord | 🕮 H9).*
Der *Unterbacher See (25 Automin. vom Zentrum | Unterbach | 🕮 0)* ist Düsseldorfs Naherholungsgebiet und im Sommer der ideale Ort für einen entspannten Tag außerhalb der Stadt. Neben zwei Strandbädern und einem Bootsverleih wartet hier auch das Wassersportcenter *Surf'n'Kite Düsseldorf (April–Okt. Mi–Fr 14–19, Sa/So 12–19 Uhr | Unterbacher See Südstrand | Parkplatz Strandbad Süd | surfandkite-duesseldorf.de).* Das Angebot: Windsurfen, Kiten, SUP und sogar Surfyoga. Für noch mehr Hang loose kannst du bei *Surf Langenfeld (Baumberger Str. 88 | 25 Automin. vom Zentrum | surf-langenfeld.de | Langenfeld | 🕮 0)* die weltweit erste stehende Welle auf einem See reiten.

WELLNESS

In der Stadt der vermeintlich Reichen und Schönen kann man sich auch standesgemäß verwöhnen lassen. Eine der besten Adressen zum Abschalten ist das *Vabali Spa (tgl. 9–24 Uhr | Eintritt ab 23,50 Euro | Schalbruch 210 | ca. 20 Automin. vom Zentrum | vabali.de/duesseldorf | Unterbach | 🕮 0).* Es liegt zwar etwas außerhalb, ist aber mit zehn Saunen, zwei Dampfbädern, römischem Schwitzbad, zwei Pools und vielen Ruheräumen an sich schon ein Erlebnis. Getoppt wird das noch durch den Blick über den malerischen Elbsee!

FESTE & EVENTS

JANUAR

boot: weltgrößte Messe für den Wassersport im letzten Drittel des Monats. *Messegelände | boot.de*

FEBRUAR

Karneval: Zwischen Altweiberfastnacht und Aschermittwoch herrschen die Narren in Düsseldorf. Am Rosenmontag wird der große Umzug mit Festwagen durch die Innenstadt veranstaltet. *karneval-in-duesseldorf.de*

Akademierundgang: Die Studierenden der Kunstakademie präsentieren ihre Werke. *kunstakademie-duesseldorf.de*

MÄRZ

Büchermeile: Leseratte? Am Rheinufer gibt's Schönes, Seltenes und Schnäppchen. Termine auch im Juni und September. *duesseldorf-tourismus.de*

Fischmarkt: Zwischen Ende März/Anfang April und November verwandelt sich das Rheinufer an je einem Sonntag im Monat in eine rustikale Schlemmermeile. *rheinlust.de*

APRIL

Art Düsseldorf: Inspirierende Kunst und spannende Diskurse im Industrieflair des Areal Böhler. *art-dus.de*

Rollnacht: Von April bis September geht's zu wummernden Beats auf Skates quer durch die Stadt. Termine unter *rollnacht.de*

Nacht der Museen: Alle öffentlichen Museen und viele private Sammlungen sind bis 2 Uhr nachts geöffnet. Zwischen den Veranstaltungsorten verkehren Shuttlebusse. *nacht-der-museen.de*

MAI/JUNI

Japantag: Düsseldorfs japanische Gemeinde feiert mit Sushi, Origami und großem Feuerwerk am Rheinufer. *japantag-duesseldorf-nrw.de*

Am Japantag beglitzert ein spektakuläres Feuerwerk den Rhein

Jazz-Rally: Jazz und Swing ohne Ende ertönen in Kneipen, Clubs und auf der Straße. *duesseldorf-jazzrally.de*

JUNI/JULI

Frankreichfest: Kulinarisch und kulturell wird die Altstadt für drei Tage zu Petit Paris. *duesseldorfer-frankreichfest.de*

Asphalt Festival: Kunst und Performance im urbanen Raum. Das Motto: Raus aus dem Theater, rein in die Stadt! *asphalt-festival.de*

JULI

★ **Rheinkirmes:** Auf den Rheinwiesen blinkt und glänzt es in der zweiten Julihälfte. Der größte Rummel am Rhein erstreckt sich entlang des Oberkasseler Ufers und lockt Millionen Besucher; die Kirmesfähre pendelt zwischen Altstadt und Festwiese. Freitags großes Feuerwerk. *rheinkirmes.com*

AUGUST

Gourmet Festival: schlemmen und schlendern auf der Kö. *gourmetfestivals.de*

SEPTEMBER

Düsseldorf Festival: Musik, Tanz und Performance in oft extravaganten Inszenierungen; *duesseldorf-festival.de*

NOVEMBER

Hoppeditz' Erwachen *(11. Nov. um 11.11 Uhr | Rathaus)*: Beginn der Karnevalssession

New Fall Festival: Top Acts und Newcomer aus Indie, Elektro und Pop spielen an ungewöhnlichen Orten. *newfall-festival.de*

DEZEMBER

Weihnachtsmärkte: In der gesamten Altstadt bis hin zur Eisbahn vor dem Kö-Bogen wird in Düsseldorf an vielen Orten die Adventszeit zelebriert.

SCHÖNER SCHLAFEN

ALLES VOM FEINSTEN

Tür an Tür mit Stars wie Paul McCartney oder Mick Jagger wohnen? Im Luxustempel *Breidenbacher Hof (106 Zi. und Suiten | Königsallee 11 | Tel. 0211 16 09 00 | capellahotels.com | U-Bahn Heinrich-Heine-Allee | €€€ | Altstadt | E9)* könnte dir das passieren! Das traditionsreiche Fünf-Sterne-Hotel hat schon viele Promis über seinen Marmorboden schreiten sehen. Und auch solche, die es noch werden wollten: Bevor er seine Karriere als Panikrocker startete, arbeitete Udo Lindenberg hier als Liftboy.

MIT HERZ UND AUSBLICK

„From Düsseldorf with love" – das Motto des hippen *Me and all Hotels (117 Zi. | Immermannstr. 23 | Tel. 0211 54 25 90 | duesseldorf.meandallhotels.com | U-Bahn Oststraße | €€ | Stadtmitte | F9)* im Japanviertel ist Programm. Das lässig-schicke Haus zeigt seinen Gästen seine Liebe mit komfortablen Extras wie Boxspringbetten oder Regenduschen. Kulinarisch gibt's neben Sushi und Cocktails auch echte Lokalhelden wie Brot und Brötchen von der Traditionsbäckerei Hinkel *(baeckerei-hinkel.de)* oder Füchschen-Alt. Und wo schmeckt das alles am besten? In der Lounge im elften Stock mit Blick über die Stadt!

INSIDER-TIPP
Die besten Brötchen der Stadt kosten

GANZ GROSSES KINO

Das *Stage 47 (27 Zi. | Graf-Adolf-Str. 47 | Tel. 0211 38 80 30 | stage47.de | Straßenbahn 701, 705, 706, 708, 709 Berliner Allee | €€ | Friedrichstadt | F10)* befindet sich im selben Gebäude wie das Savoy-Theater und ist die beste Adresse für alle, die Lust auf einen großen Auftritt haben. Überall im Hotel sind Bühnenscheinwerfer zu entdecken, die Zimmer und Suiten

Breidenbacher Hof: sterne- und auch starmäßig ziemlich weit vorn in Düsseldorf

sind mit Postern von Schauspielern und Künstlern dekoriert, die hier bereits übernachtet haben.

FRÜHSTÜCKSTRAUM

Croissant oder Brötchen? Mit Käse, Schinken oder hausgemachter Marmelade? Müsli? Oder doch frische Waffeln? Wonach dir morgens auch der Sinn steht, am üppigen Frühstücksbüfett im *Auszeit Hotel (54 Zi. | Auf'm Hennekamp 71 | Tel. 0211 3 02 05 90 | auszeit-hotel.de | Straßenbahn 706 Redinghovenstraße | € | Bilk | F12)* wirst du garantiert satt. Um die Extrakalorien wieder loszuwerden, gibt's zum Glück den kostenlosen Sauna- und Fitnessbereich.

VERY BRITISH!

Your home away from home – das familiengeführte Boutiquehotel *Ashley's Garden (30 Zi. | Karl-Kleppe-Str. 20 | Tel. 0211 5 16 17 10 | ashleysgarden.de | U-Bahn U78, U79 Reeser Platz | €€ | Golzheim | C5)* hält, was es verspricht. Die individuell mit Antiquitäten und Stoffen von Laura Ashley eingerichteten Zimmer sind stylish und doch supergemütlich. Wer die britische Oase trotz englischem Garten und Außenpool dann doch mal verlassen will, macht das mit Stil: Auf Wunsch kann man sich im Bentley auf die Kö chauffieren lassen.

AM WASSER GEBAUT

Du willst einfach abschalten? Dann bist du in der *Schnellenburg (50 Zi. | Rotterdamer Str. 120 | Tel. 0211 4 38 84 38 | schnellenburg.com | Bus 722 Messe Congress Center | €€ | Stockum | B5)* genau richtig. Füße hochlegen geht hier mit Rheinblick! Das zum Teil denkmalgeschützte Gebäude steht direkt am Flussufer und hat neben gemütlichen Zimmern auch eine Dachterrasse.

ERLEBNIS TOUREN

Lust, die einzigartigen Facetten der Stadt zu entdecken? Dann sind die Erlebnistouren genau das Richtige für dich! Ganz einfach wird es mit der MARCO POLO Touren-App: Die Tour über den QR-Code aufs Smartphone laden – und auch offline die perfekte Orientierung haben.

Düsseldorfer Lebensart: entspannt am Medienhafen ein Feierabendbier genießen

Einfach QR-Code scannen und alle Karten & Infos zu unseren Touren auch unterwegs parat haben!

go.marcopolo.de/due

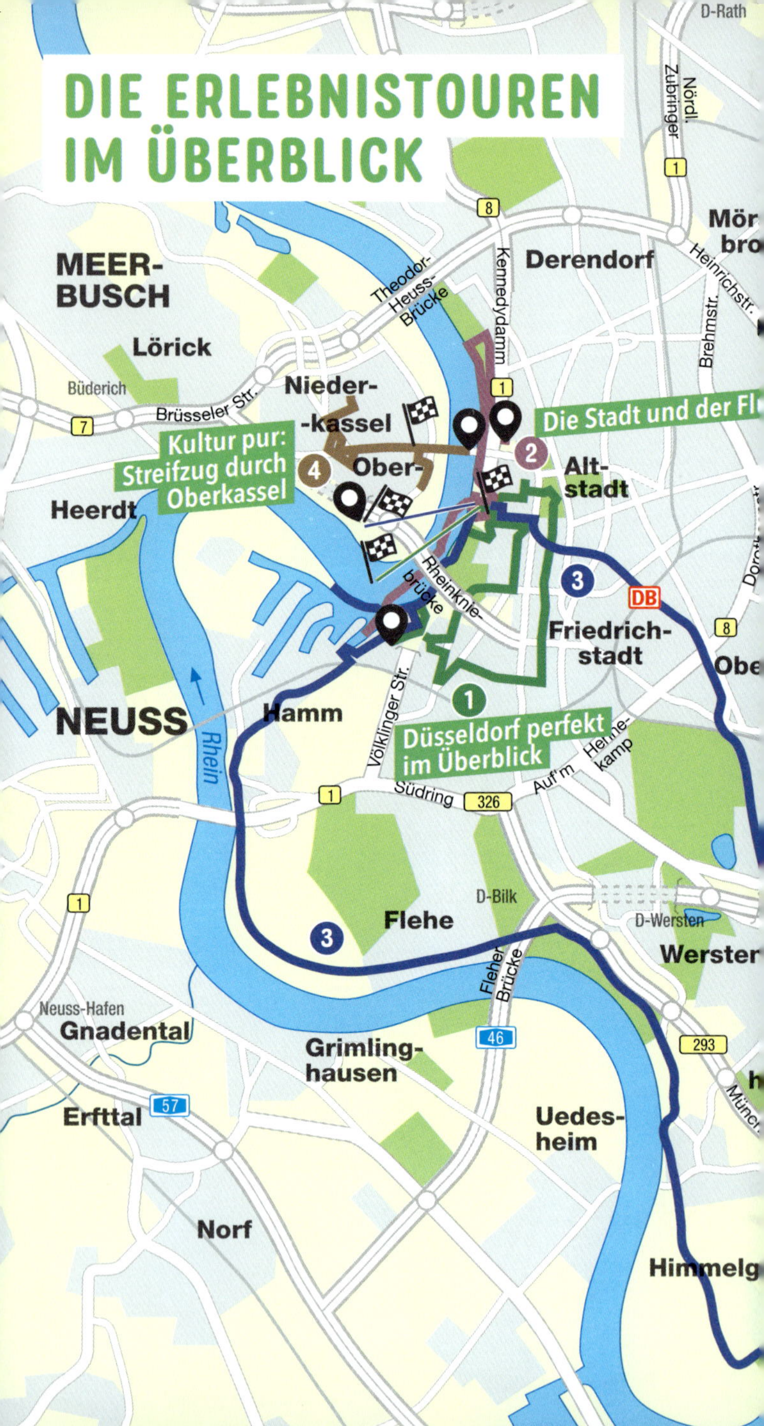
DIE ERLEBNISTOUREN
IM ÜBERBLICK
D-Rath
Nördl. Zubringer
1
8
Mör
bro
Derendorf
Heinrichstr.
Brehmstr.
MEER-
BUSCH
Theodor-
Heuss-
Brücke
Kennedydamm
Lörick
Büderich
Nieder-
-kassel
Brüsseler Str.
7
1
Die Stadt und der Fl
2
Kultur pur:
Streifzug durch
Oberkassel
4
Ober-
Alt-
stadt
Heerdt
Rheinknie-
brücke
3
DB
8
Friedrich-
stadt
Obe
Völklinger Str.
1
Düsseldorf perfekt
im Überblick
Hamm
NEUSS
Rhein
Henne-
kamp
Auf'm
Südring
326
1
1
D-Bilk
D-Wersten
Flehe
3
Werster
Fleher Brücke
Neuss-Hafen
Gnadental
46
Grimling-
hausen
293
Münch
57
Erfttal
Uedes-
heim
Norf
Himmelg

Reichswaldallee
Rath
3
Hubbelrath
Mettmann
Bergische Landstr.
7
Ludenberg
Grafen-
berg
Gerresheim
ERKRATH
Lierenfeld
Venn-
hausen
Unterbach
Eller
Unterfeld-
haus
Unterbacher
See
D-Eller
Kreuz D-Süd
Südl. Zubringer
Elbsee
Reisholz
HILDEN
D-Benrath
Rein in den Sattel
und raus aus der City
3
Benrath
59
8
Hildener Str. Düsseldorfer Str. Berliner Str
2 km
1.24 mi

❶ DÜSSELDORF PERFEKT IM ÜBERBLICK

➤ Rheinturm, Altstadt, Kö – die Top-Highlights an einem Tag
➤ Mit dem Rad ins Trendviertel Unterbilk
➤ Düsseldorf bei Nacht: Party an der längsten Theke der Welt

❶ Gehry-Bauten

❷ Rheinturm

❸ Zicke

❹ Markt am Carlsplatz

❺ Rathaus

❻ Kunstsammlung NRW K20

ERST MAL DEN ÜBERBLICK GEWINNEN

Los geht's im Medienhafen, wo das Leben am Fluss morgens noch ruhig ist. Tolles Fotomotiv: die ❶ Gehry-Bauten im Neuen Zollhof ➤ S. 55. *Von hier aus schlenderst du zum* ❷ Rheinturm ➤ S. 54. Unbedingt hinauffahren und den Blick über die Stadt genießen!

Vom Rheinturm aus geht es die Promenade entlang in Richtung Altstadt. Bieg rechts ab in die Bäckerstraße und mach's dir bei einem zweiten Frühstück im Bistro ❸ Zicke ➤ S. 69 gemütlich.

ES IST MARKTZEIT ...

Setz deinen Weg entlang der Bäckerstraße fort. Über Orangeriestraße und Benrather Straße erreichst du den ❹ Markt am Carlsplatz ➤ S. 36. Schlendere durch die bunten Gänge voller Obst und Gemüse, Blumen, Backwaren, Käse, Wurst, Kräutern und Gewürzen. Wer noch Platz für einen Snack hat, wird an einem der vielen Imbiss- und Spezialitätenstände sicher fündig. *Danach der Berger Straße durch die Altstadt folgen bis zum historischen* ❺ Rathaus ➤ S. 41 mit dem Jan-Wellem-Reiterstandbild ➤ S. 41 davor. Das Rathaus kann besichtigt werden – wirf doch mal einen Blick hinein!

Über Bolkerstraße und Neustraße gelangst du in zehn Minuten zum Grabbeplatz. Lass dir die hochkarätigen Ausstellungen in der ❻ Kunstsammlung NRW K20 ➤ S. 35

nicht entgehen und stärk dich danach im angeschlossenen Restaurant **Klee's** *(Di–Fr ab 10, Sa/So ab 11 Uhr | Grabbeplatz 5 | Tel. 0211 16 84 48 16 | kunstsammlung.de).*

DÜSSELDORF OHNE KÖ GEHT NICHT

Von der Kunstsammlung aus überquert man die Straße und ist schon im ⑦ **Hofgarten ➤ S. 44**. Zeit, mal richtig durchzuatmen! Nach einem kurzen Spaziergang *verlässt du den Park am südlichen Ende* und blickst auf die prägnante Fassade des **Kö-Bogens ➤ S. 22**. Wie wär's mit einem Abstecher in das dort ansässige Luxuskaufhaus ⑧ **Breuninger ➤ S. 84**? *Steuere danach die*

⑦ Hofgarten

⑧ Breuninger

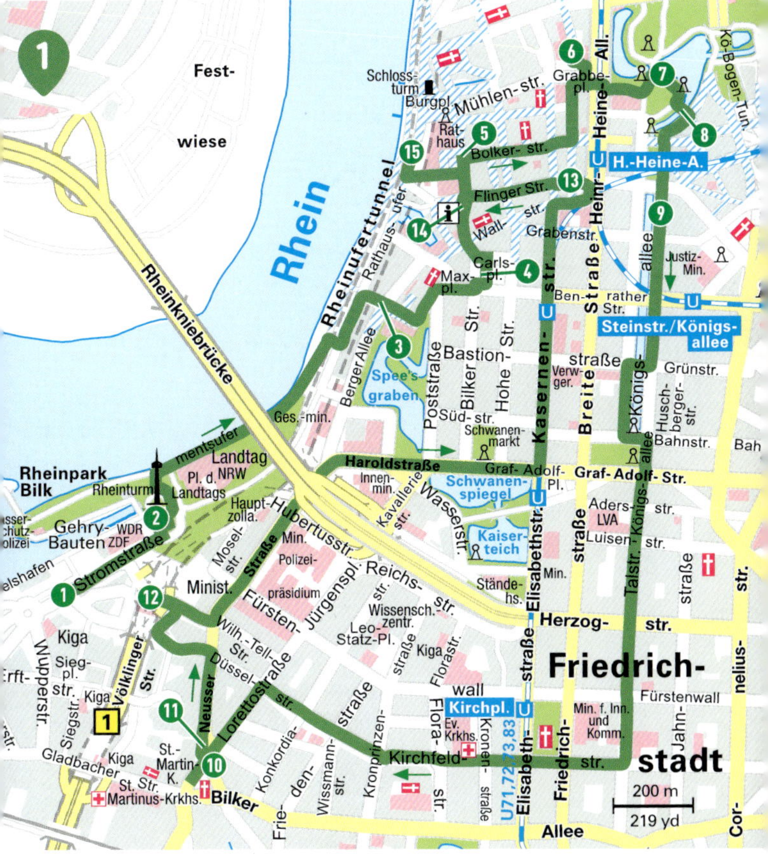

Ohne einen Abstecher ins Brauhaus wäre dein Düsseldorftag nicht komplett

9 Königsallee

9 Königsallee ➤ S. 43 *an* und bestaun die Schaufenster der Luxuslabels sowie die zugehörige Kundschaft. Hier gilt „Sehen und gesehen werden".

KLEINE FAHRRADTOUR INS TRENDVIERTEL

Von der edlen Kö geht es nun in den lebendigen Stadtteil Unterbilk. Leih dir dazu *am Graf-Adolf-Platz* einen E-Scooter oder ein Rad von **nextbike ➤ S. 126**. *Fahr über Talstraße und Kirchfeldstraße (rechts abbiegen) bis zur Lorettostraße (links einbiegen). An der Bilker Kirche kannst du dein Gefährt dann wieder abstellen.*

10 Frida

11 Hab + Gut

Nach diesem Trip hast du dir eine kleine Pause verdient. In der **10 Frida** *(tgl. ab 10 Uhr | Bilker Allee 4 | tapasbar-frida.de | €)* wartet zum Auftanken ein Stück Kuchen oder spanische Tapas. Kann es weitergehen? Dann erkunde das Viertel mit seinen individuellen, kreativen Geschäften wie **11 Hab + Gut ➤ S. 84**.

12 Stadttor

Wenn du deine Einkaufstour beendet hast, *spazierst du den Lahnweg entlang zum* **12 Stadttor ➤ S. 55**. *Hier die Straßenbahn 706 oder 709 bis zum Graf-Adolf-Platz nehmen und dann in eine der U-Bahnen zur Heinrich-Heine-Allee umsteigen (Kurzstreckenticket 1,90 Euro).*

MIT ALTBIER IN DIE PARTYNACHT

13 Flinger Straße

Verlass die U-Bahn-Station am Ausgang **13 Flinger Straße** *und bummele zum Abschluss noch über die beliebte*

Shoppingmeile. Stilecht geht's zum Abendessen ins Brauhaus ⓮ **Uerige** ➤ **S. 67**. Mit reichlich hausgebrautem Alt und deftigen rheinischen Köstlichkeiten schaffst du hier die beste Grundlage für deinen Altstadt-Abend.

⓮ Uerige

Stürz dich anschließend ins Düsseldorfer Nachtleben! Starte in einer der vielen Bars und Kneipen der *„längsten Theke der Welt" in der Altstadt* und misch dich danach unters Partyvolk im schicken ⓯ **The Eight** ➤ **S. 94** *auf der Rheinuferpromenade.*

⓯ The Eight

❷ DIE STADT UND DER FLUSS

- ➤ Treiben lassen am und auf dem Rhein
- ➤ Drei besondere Museen: Kunst, Schifffahrt und der Senf dazu
- ➤ Den Sonnenuntergang am Fluss genießen

Ehrenhof

→ 4,5 km

Kasematten

1 Tag, reine Gehzeit 1½ Std.

ARCHITEKTUR UND KUNST GUCKEN

Start ist am monumentalen Komplex des ① **Ehrenhofs** ➤ **S. 48** mitsamt der **Tonhalle** ➤ **S. 98**. *Spazier*

① Ehrenhof

❷ Museum Kunstpalast

❸ Rheinpark

❹ Fortuna Büdchen

❺ Sankt Lambertus

❻ Stadterhebungsmonument

❼ Schwan

durch die hübsche Anlage mit ihren imposanten Bauten und wirf auch einen Blick hinein: Das ❷ **Museum Kunstpalast** ➤ S. 49 bietet eine große Sammlung von Gemälden der Düsseldorfer Malerschule.

EIN ABSTECHER INS GRÜNE

Nach einem kurzen Fußmarsch entlang der Cecilienallee nach Norden erreichst du den ❸ **Rheinpark** ➤ S. 50. *Dreh eine Runde* und misch dich unter die vielen Spaziergänger, Sportler und Sonnenanbeter. *Lauf dann am Fluss entlang in Richtung Altstadt* und schnapp dir unterwegs ein kühles Getränk am kultigen ❹ **Fortuna Büdchen** *(Joseph-Beuys-Ufer 27)*. Von der Mauer aus hast du hier einen unschlagbaren Blick auf vorbeiziehende Schiffe und die Wiesen des Oberkasseler Ufers.

INSIDER-TIPP
Open-Air-Kneipe mit Ausblick

Im Rheinpark sonnt es sich am besten

WIE EINE ZEITREISE INS DORF AN DER DÜSSEL

Setz deinen Weg auf dem Schlossufer fort und bieg dann links in die Straße Altestadt ein. Hier, im Herzen des früheren Stadtkerns, fühlt man sich zurückversetzt in das Dorf an der Düssel, das die Rheinmetropole einst war. Besichtige die gotische Kirche ❺ **Sankt Lambertus** ➤ S. 33 und lass dir vom ❻ **Stadterhebungsmonument** ➤ S. 31 aus der Geschichte Düsseldorfs erzählen.

ALTSTADT-LUNCH

Nur wenige Meter vom Stadterhebungsmonument entfernt befindet sich das Restaurant ❼ **Schwan** *(Di–Fr ab 12, Sa/So ab 10 Uhr | Mühlenstr. 2 | Tel. 0221 1 36 53 87 | restaurant-schwan.de | €)* in bester Lage auf dem **Burgplatz** ➤ S. 30 – dem Treffpunkt aller, die sehen und gesehen werden wollen. Hier kannst du in entspannter

Wohnzimmeratmosphäre eines der guten und günstigen Mittagsgerichte genießen.

Bevor es zurück ans Wasser geht, bringt dich das ❽ **Schifffahrt-Museum im Schlossturm** ➤ S. 31 schon einmal in die richtige maritime Stimmung. Eine Multimediashow und rund 120 Modelle geben spannende Einblicke in vergangene Zeiten und das Leben auf, von und mit dem Fluss.

SCHIFF AHOI!

Blumen, Palmen und Terrassencafés ... Ist das noch das Rheinufer oder schon das Mittelmeer?! *Spazier die Promenade entlang* und genieß das mediterrane Flair. Ein Blick auf die historische ❾ **Pegeluhr** verrät den aktuellen Wasserstand. Hier legen auch die Schiffe der ❿ **Weissen Flotte** ➤ S. 128 ab: Schippere auf einem Törn (*⏱ 1 Std. | Kosten 16,90 Euro inkl. 1 Getränk*) bis in den Medienhafen und zurück, Altstadtpanorama inklusive!

❽ Schifffahrt-Museum im Schlossturm

EIN SCHARFES SOUVENIR ERSTEHEN

❾ Pegeluhr

❿ Weisse Flotte

Steuere nun den Alten Hafen an, umrunde das Becken und bieg links zuerst in die Hafenstraße und dann in die Berger Straße ein. Hier gibt's ein echtes Kulturgut zu entdecken: Neben Rhein und Altbier ist Düsseldorf vor allem bekannt für seinen Senf. Den „ächten Mostert" kannst du im ⓫ **Senfmuseum** ➤ S. 41 nicht nur probieren, sondern stilecht im traditionellen Tontopf auch für zu Hause mitnehmen.

⓫ Senfmuseum

Über die Rheinstraße gelangst du wieder auf die Uferpromenade. Lass den Abend in den ⓬ **Kasematten** ➤ S. 97 ausklingen: Die Terrassenlandschaft mit Cafés, Bars und Bistros bietet einen tollen Blick auf den Fluss. Der ideale Ort für einen Sundowner!

⓬ Kasematten

❸ REIN IN DEN SATTEL UND RAUS AUS DER CITY

- Mit dem Drahtesel ins Grüne
- Picknick am Sandstrand
- Durch den Schlosspark Benrath flanieren

RHEINLUFT SCHNUPPERN

Die Tour beginnt im Herzen der Altstadt, am ❶ Burgplatz ➤ S. 30. Miete dir hier ein Fahrrad von nextbike ➤ S. 126 und mach dich auf an den Rhein. *Fahr links auf der Rheinuferpromenade entlang* und genieß das morgendliche Treiben am Fluss.

Steuere auf die Rheinkniebrücke zu und mach Halt am ❷ KIT ➤ S. 53, um dir ein stärkendes Frühstück im KIT Café *(tgl. ab 11 Uhr | Tel. 0211 56672361 | kit-cafe.com | €)* zu gönnen. Vor dem Gebäude lohnt sich noch ein Blick in den Offenen Bücherschrank: Hier warten viele ausgelesene Lieblingsbücher auf neue Besitzer. Warum nicht kostenlos einen Schmöker für die spätere Pause mitnehmen?

INSIDER-TIPP
Lesestoff für lau

1 km 15 Min.

❸ Brücke im Hafenbecken

0,5 km 5 Min.

BILDSCHÖNER FOTOSTOPP

Weiter geht's! *Fahr den Weg über die Wiese hinunter zum Fluss und links entlang in Richtung Rheinturm und Medienhafen. Dann überquerst du die* ❸ Brücke im Hafenbecken – halte kurz an und nutz die Gelegenheit für ein Foto von Altstadt und dem Neuen Zollhof ➤ S. 55.

DAS PARADIES LINKS LIEGEN LASSEN

Der schnellste Weg ins Paradies? *Über die Brücke!* Dahinter liegt der ❹ **Paradiesstrand** inmitten naturbelassener Landschaft. Im Sommer suchst du hier Ruhe allerdings vergeblich – es ist garantiert immer voll. *Bleib darum besser auf dem Radweg, der dich an Rhein und Eisenbahnschienen entlangführt, und lass die Eisenbahnbrücke hinter dir. Vor der nächsten – der Josef-Kardinal-Frings Brücke* – erstreckt sich ein letzter kleiner ❺ **Sandstrand**. Breite hier die Picknickdecke aus und lass den Citytrubel an diesem idyllischen Ort hinter dir.

❹ Paradiesstrand

4,5 km 25 Min.

❺ Sandstrand

VON FRISCHWASSER BIS WEIHWASSER

Hinter der Brücke beginnt der Hammer Deich. Folg dem Radweg durch das Rheinauengebiet, der dich über den Volmerswerther Deich und den Fleher Deich bis zur Fleher Brücke führt. Hinter den fruchtbaren, vor allem von Gärtnereibetrieben genutzten Flächen gelangst du schließlich in ein Waldgebiet. Gemütlich *weiterradeln, bis du zu einer Unterführung kommst. Vor dieser biegst du rechts ab und fährst weiter bis zu den* ❻ **Fleher Wasserwerken**. Durst bekommen? Am alten **Brunnen** links

5,7 km 30 Min.

❻ Fleher Wasserwerke

2,7 km 15 Min.

❼ St. Nikolaus-Kirche

vor dem Eingang kannst du deine Flasche mit Trinkwasser aus dem Werk auffüllen. *Folg der Straße bis zum Ende und bieg dann rechts ab (Himmelgeister Landstr.). Vor Am Bärenkamp nimmst du die rechts abgehende Nikolausstraße und fährst auf ihr bis zur* **❼ St. Nikolaus-Kirche**. Schau mal rein: Die romanische Kirche aus dem 11. Jh. ist eine der drei ältesten Düsseldorfs!

Genug vom Radeln? In Rheinnähe findet sich leicht ein Platz zum Beineausstrecken

Hinter der Kirche hältst du dich an der nächsten Abzweigung rechts. Die Strecke führt nun immer geradeaus an Wiesen und Feldern vorbei. *Auch an der kommenden Abzweigung radelst du weiter geradeaus auf dem Pfad über den Itterdamm. Du kommst an einem kleinen Campingplatz heraus, hinter dem du dich links hältst. Dann bei nächster Gelegenheit rechts abbiegen. Hinter der nächsten Linkskurve geht's erneut rechts rein. Du folgst der Straße bis zum Ende, biegst rechts ab und rollst – auf Am Trippelsberg – kurze Zeit durch ein Industriegebiet. Danach biegst du rechts in die Reisholzer Werftstraße ein und näherst dich ein letztes Mal dem Rhein, dem du links entlang auf der Uferstraße folgst.*

7,4 km 30 Min.

❽ Benrather Schlossufer

Der Weg geht schließlich über in das **❽ Benrather Schlossufer**. Perfekt für eine kleine Pause! Mach's dir auf einer Parkbank bequem und genieß den herrlichen Ausblick.

0,6 km 10 Min.

FÜRSTLICHE KAFFEEPAUSE

Folg dem Radweg bis zum ⑨ Schlosspark Benrath ➤ S. 61, der sich – links gelegen – über ein großes Waldgebiet bis zur Schlossanlage ausdehnt. *Steig ab und durchquer den traumhaften Park zu Fuß.* Nach dem Spaziergang steuerst du dann direkt auf Schloss Benrath ➤ S. 60 zu. Im Schlosscafé *(Fr–Mo 13–18 Uhr | Tel. 0211 26 17 92 48 | schloss-benrath.de)* kannst du die royale Atmosphäre bei einem Getränk auf dich wirken lassen.

⑨ Schlosspark Benrath

12 km 35 Min.

WAS ZÜNFTIGES ZUR BELOHNUNG

Genug gestrampelt! *Vor dem Schlossweiher befindet sich eine U-Bahn-Haltestelle, von der aus du die U71 oder U83 zurück in die Altstadt nimmst. Steig an der Heinrich-Heine-Allee aus und lauf das letzte Stück bis zum* ⑩ Burgplatz, wo du dein Leihrad wieder an der Station abstellen kannst. Gönn dir zum Ausklang noch ein deftiges Essen in einem der Brauhäuser, z. B. in der ⑪ Brauerei zum Schiffchen ➤ S. 67 unweit des Burgplatzes.

⑩ Burgplatz

0,5 km 10 Min.

⑪ Brauerei zum Schiffchen

④ KULTUR PUR: STREIFZUG DURCH OBERKASSEL

- ➤ Ein Spaziergang durchs Nobelviertel
- ➤ Spannende Galerien und schöne Geschäfte entdecken
- ➤ Japanische Kultur in Düsseldorf erleben

Start	Oberkasseler Brücke	Ziel	Theater an der Luegallee
→	rund 6 km	Dauer	1 Tag, reine Gehzeit 2 Std.

Startpunkt der Tour ist die ① Oberkasseler Brücke ➤ S. 47. *Überquer diese* und genieß dabei den Blick über den Rhein und auf die Altstadt. *Lauf dann entlang der Luegallee linksseitig weiter. Bieg links ab (Dominikanerstraße)* und stärk dich für die Tour mit ei-

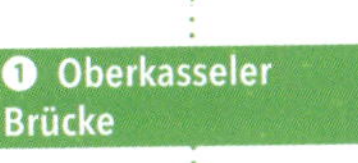

❷ Café Muggel

nem leckeren Frühstück im gemütlichen **❷ Café Muggel** *(Mo–Fr ab 8.30, Sa/So ab 9 Uhr | Dominikanerstr. 4 | Tel. 0211 55 41 82 | cafe-muggel.de | €).*

KUNST IM VIERTEL

❸ Burkhard-Eikelmann-Galerie

Bereit für den Streifzug durch Oberkassel? Dann *geh rechts die Dominikanerstraße entlang. Auf der gegenüberliegenden Straßenseite* liegt die **❸ Burkhard-Eikelmann-Galerie** *(Mo–Fr 10–18, Sa 10–15 Uhr | Dominikanerstr. 11 | burkhardeikelmann.com).* Lass dich von der Oberkasseler Kunstszene inspirieren – vorzugsweise wird hier moderne Pop-Art gezeigt.

❹ Galerie Kellermann

Bieg links in die Cheruskerstraße ein und folg ihr bis zum einem weiteren Hotspot der Kunststadt Düsseldorf: der **❹ Galerie Kellermann** *(Di–Fr 11–13 und 15–18.30, Sa 11–16 Uhr | Cheruskerstr. 105 | galerie-kellermann.de).* Von Surrealismus bis Neo-Impressionismus sind hier Werke verschiedener Stilrichtungen zu sehen.

❺ Ev. Auferstehungskirche

Halte dich nun rechts, überquer die Luegallee und geh in die Quirinstraße. Siehst du die grünen Dächer der **❺ Ev. Auferstehungskirche**? Der fulminante Bau rheinischer

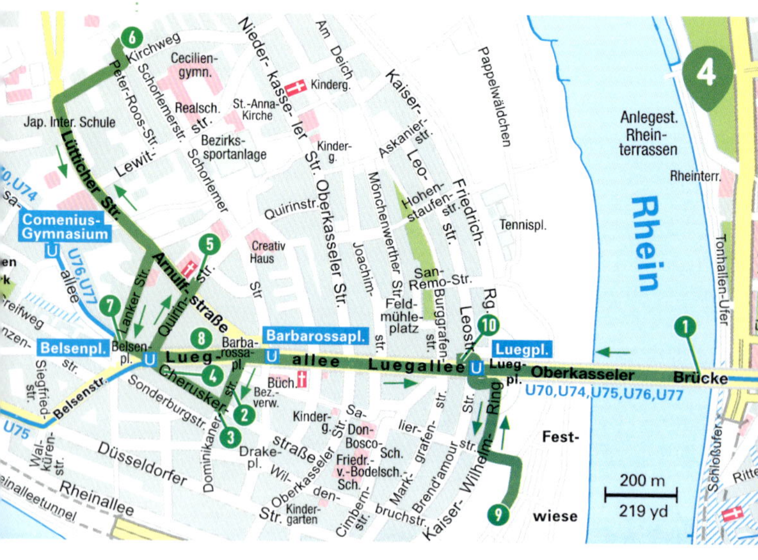

Backsteinarchitektur aus den 1920ern ist einen Abstecher wert. Wirf einen Blick ins Innere und auf das imposante Kirchengewölbe!

Japan am Rhein: im buddhistischen Tempel des Ekō-Hauses

DAS ZEN FINDEN

Wenn du aus der Kirche kommst, wende dich nach rechts und lauf die Straße entlang bis zum Niederkasseler Kirchweg. Bieg rechts in die Straße ein und geh bis zum Brüggener Weg. Diesem folgst du bis zum links gelegenen 6 **Ekō-Haus der Japanischen Kultur** ➤ S. 56. Auf einer Runde durch die idyllische Gartenanlage bekommst du einen Eindruck davon, wie tief die japanische Kultur im Buddhismus verwurzelt ist.

Nun geht's zurück Richtung Kirche, bieg aber vorher halb rechts in die Lanker Straße ein. Gönn dir im Bistro von 7 **Klapdohr Delikatessen** *(Mo–Sa ab 12 Uhr | Lanker Str. 2 | Tel. 0211 17 52 07 20 | klapdohr-delikatessen.de | €€)* ein leckeres Mittagsgericht oder ein Glas Wein.

SCHÖNE SCHÄTZE ERSTEHEN

Zeit für einen entspannten Bummel durch die Geschäfte der 8 **Luegallee**, der Lebensader Oberkassels. *Überquer dazu den Belsenplatz und geh rechtsseitig zurück in Richtung Rhein.* Verpass es nicht, auch in die Seitenstraßen zu schauen: Hinter den schönen Jugendstilfassaden der alten Häuser wartet der ein oder andere besondere Laden darauf, durchstöbert zu werden.

UND IMMER RUFT DER RHEIN

Wieder an Brücke und Fluss angelangt, machst du einen Spaziergang über die 9 **Rheinwiesen** ➤ S. 56 bis runter zum Wasser. Mit dem Altstadtpanorama im Blick kannst du hier ein paar echte Rheinkiesel zur Erinnerung sammeln. *Dann geht's wieder ein Stück zurück auf der Luegallee.* Ein Besuch im charmanten 10 **Theater an der Luegallee** ➤ S. 98 ist der perfekte Ausklang für die Tour.

6 Ekō-Haus der Japanischen Kultur

7 Klapdohr Delikatessen

8 Luegallee

9 Rheinwiesen

10 Theater an der Luegallee

GUT ZU WISSEN

DIE BASICS FÜR DEINEN STÄDTETRIP

ANKOMMEN

ANREISE

Düsseldorf liegt in dem Gebiet mit der höchsten Autobahndichte Deutschlands; du erreichst die Stadt z. B. über die A 46, A 52 und A 57. Der Großteil des Stadtgebiets ist Umweltzone. Du benötigst dort eine Feinstaubplakette für das Auto *(duesseldorf.de/kfz)*.

Die Stadt ist gut ins Intercitynetz *(Fahrplanauskunft Tel. 030 29 70 | Reiseauskunft, Buchung und Reservierung auf bahn.de)* integriert und liegt zudem auf den Flixtrain-Strecken nach Berlin, Leipzig, Dresden, Hannover und Hamburg. Bei dem Deutsche-Bahn-Konkurrenten kannst du oft deutlich günstigere Tickets buchen *(Tel. 030 300 137 100 | flixtrain.de)*.

Der Düsseldorfer Bahnhof hat zwei Ausgänge; wenn du Richtung City möchtest, nimm den Ausgang Konrad-Adenauer-Platz. Vor dem Gebäude halten viele Straßenbahn- und Buslinien. Im Innern des Bahnhofs kannst du direkt in die U-Bahnen Richtung Innenstadt/Messe einsteigen: Alle diese Linien fahren über die Station Heinrich-Heine-Allee, die zentrale Haltestelle zwischen Altstadt und Kö.

GRÜN & FAIR REISEN

Du willst beim Reisen deine CO_2-Bilanz im Hinterkopf behalten? Dann kannst du deine Emissionen kompensieren *(atmosfair.de; myclimate.org)*, deine Route umweltgerecht planen *(routerank.com)* oder auf Natur und Kultur *(gate-tourismus.de)* achten. Mehr über ökologischen Tourismus erfährst du hier: *oete.de* (europaweit); *germanwatch.org* (weltweit).

Keine Frage, natürlich kannst du in der Rheinstadt auch über den Rhein schippern

Eine andere günstige Alternative zur Bahn sind Fernbusse: Vom *ZOB (Worringer Str. 140 | 🕮 G9)* direkt am Hauptbahnhof steuert verschiedene Anbieter mehrmals täglich Städte in ganz Deutschland und Europa an. *fernbusse.de*

Düsseldorf hat den drittgrößten deutschen Flughafen *(Flughafenauskunft: Tel. 0211 42 10)*. Er liegt im Norden der Stadt, etwa 7 km außerhalb des Zentrums und sehr günstig zur Messe. Während der großen Messen verkehrt halb- bis viertelstündlich ein Bus zwischen Flugsteig A und den verschiedenen Eingängen, bis zum am weitesten entfernten braucht er etwa eine Viertelstunde. Auch die City ist gut zu erreichen: Die S-Bahn S11 fährt direkt im Flughafengebäude ab. Außerdem bringt dich der Bus 721 zum Hauptbahnhof, der Bus 896 zur Messe. Ein Taxi benötigt ca. 15 Minuten in die Innenstadt.

MOBIL SEIN

CARSHARING & SCOOTER

Über *Share Now (share-now.com)* und *Miles (miles-mobility.com)* lässt sich vor Ort kurzfristig ein Auto mieten. Bei der Anmeldung fallen Gebühren an, danach Mietkosten pro Fahrt. Nach dem gleichen Prinzip funktioniert das Elektroroller-Sharing mit *Eddy (eddy-sharing.de)*. Auch E-Tretroller finden sich in Düsseldorf an jeder Ecke, von *Lime (li.me), Tier (tier.app), Bolt (bolt.eu), Bird (bird.co)* und *Voi (voi.com)*.

DÜSSELDORFCARD

Mit der Düsseldorfcard können Besucher nicht nur alle öffentlichen Verkehrsmittel im Stadtgebiet frei nutzen, sondern erhalten auch ermäßigten oder freien Eintritt in viele Museen, Theater und andere Veranstaltungsorte. Die Karte ist einen, zwei, drei oder vier Tage gültig, kostet zwischen 12,90 Euro und 30,90 Euro und ist in der Tourist-Information, an den Sky-Train-Haltestellen am Flughafen sowie in den Kundencentern oder an den Ticketautomaten der Rheinbahn erhältlich. Du kannst sie unter *duesseldorf-tourismus.de* auch als Onlineticket bestellen. Mit der *Düsseldorf BikeCard* erhältst du ein Leihrad von der Radstation am Hauptbahnhof und Vergünstigungen für Museen, Kultur- und Sportangebote *(1 Tag 12,90 Euro).*

WAS KOSTET WIE VIEL?

Kaffee	2,70 Euro *für eine Tasse*
Altbier	2,80 Euro *für ein Glas (0,25 l)*
Halve Hahn	4,90 Euro *für eine Portion*
Souvenir	8,90 Euro *für 200 ml ABB-Senf im Steinguttopf*
Bus/Bahn	1,90 Euro *pro Kurzstreckenfahrt*
Taxi	4,50/2,20 Euro *Grundgebühr/ Kilometerpreis*

FAHRRADVERLEIH

Infos zu Radtouren und zur Radmitnahme in Bus und Bahn findest du auf der Homepage der Stadt: *duesseldorf.de/radschlag.* Dein Fahrrad kannst du am Hauptbahnhof parken. In der *Radstation (Mo–Fr 7–20, Sa/So 10–18, Werkstatt Mo–Fr 8–16 Uhr | Tagesstellplatz 0,90 Euro | Willi-Becker-Allee 8a | radstation-duesseldorf.de | Oberbilk | G10)* wird es bewacht und gewartet. Auch Mietfahrräder, Pedelecs, Tandems sowie Kinderfahrräder, Kindersitze, Anhänger und Helme sind über die Radstation ausleihbar *(Miete je für 24 Std.: Fahrrad 15 Euro, Tandem 22 Euro, Pedelec 28 Euro, bei der Miete von 2 Erwachsenenrädern gibt es Kindersitze, Kinderfahrräder oder Anhänger für bis zu 3 Kinder kostenlos).*

An vielen Stationen im Stadtgebiet kannst du dir auch über *nextbike (Kosten 15 Min. 1 Euro, 24 Std. 15 Euro | Tel. 030 69 20 50 46 | nextbike.de)* ein Fahrrad mieten. Einfach online, per App oder über die Hotline registrieren, Radnummer durchgeben und mit dem mitgeteilten Zahlencode das Fahrradschloss öffnen (einige Räder haben auch ein automatisches Rahmenschloss).

In Bussen und Bahnen der Rheinbahn sowie in S-Bahnen ist die Fahrradmitnahme mit Zusatzticket möglich. Sie richtet sich nach den verfügbaren Kapazitäten – also den Berufsverkehr besser meiden.

Du möchtest lieber etwas entspannter treten? Über die E-Scooter-Anbieter *Lime, Bolt und Tier* (s. S. 125) können im Stadtgebiet auch E-Bikes gemietet werden.

MIT KINDERN

In der Stadt kann man nicht nur Autos oder Fahrräder mieten, sondern auch Kinderwagen! Das praktische Angebot von *Mami Poppins (Tel. 0211 41 65 32 78 | mami-poppins.de):* Buggy, Autositz oder Babyzubehör einfach online aussuchen und zum gewünschten Termin bequem ins Hotel liefern lassen.

ÖFFENTLICHE VERKEHRSMITTEL

Die Düsseldorfer Rheinische Bahngesellschaft, kurz Rheinbahn genannt, gehört zum Verkehrsverbund Rhein-Ruhr *(vrr.de)*. Du kannst mit hier gelösten Fahrscheinen also auch bestimmte Züge der Deutschen Bahn sowie die öffentlichen Verkehrsmittel der anderen Städte im Rhein-Ruhr-Gebiet nutzen.

Die meisten innerstädtischen Linien verkehren von 5 bis 24 Uhr im Zehn-Minuten-Takt. Spätnachts gibt es Nachtbummlerangebote. Freitags und samstags fahren die wichtigsten Linien fast durchgängig. An den Haltestellen sowie in den Straßen- und U-Bahnen befinden sich in der Regel Fahrkartenautomaten. Ist dein Ticket nicht bereits automatisch entwertet, musst du es in der Bahn oder im Bus abstempeln, bei der Fahrt mit der S-Bahn oder einem Regionalzug ist es am Zugang zum Bahnsteig abzustempeln. Tickets gibt es auch an vielen Kiosken oder in Schreibwarenläden.

Einzelkarten kosten je nach Geltungsbereich ab 1,90 Euro, Tageskarten für eine Person ab 7,60 Euro. Über weitere Tarife und Angebote informierst du dich am besten bei der *Rheinbahn (Tel. 0800 6 50 40 30 | rheinbahn.de)*. Praktisch: Die *Rheinbahn App* meldet in Echtzeit alle Störungen und Verspätungen. Auch der Ticketkauf per App ist möglich. Mehr noch, einige Fahrkarten wie das Happy-Hour-Ticket, mit dem du in der Preisstufe A zwischen 18 und 6 Uhr für 3,40 Euro beliebig oft fahren kannst, gibt's exklusiv online oder in der App.

INSIDER-TIPP
Zum Sparpreis durch die Nacht

Weitere Informationen in den Kundencentern, z. B. am *U-Bahnhof an der Heinrich-Heine-Allee (Mo 9–19, Di–Fr 9–17 Uhr | Altstadt | E9)*.

PARKEN

Parken auf öffentlichen Wegen und Plätzen mit Parkscheinautomat kostet im Stadtzentrum zwischen 1,05 und 1,45 Euro pro halbe Stunde. Die solltest du auch investieren, denn es wird Tag und Nacht kontrolliert, und Falschparker werden gnadenlos abgeschleppt.

Wer sich die oft mühsame Parkplatzsuche sparen will, steuert am besten eines der Parkhäuser an. Infos über Standorte und die aktuelle Auslastung gibt's auf der Website der Stadt unter: *duesseldorf.de/verkehrsmanagement/mit-dem-auto/parken-in-duesseldorf*

TAXI

Tel. 0211 3 33 33 oder *Tel. 0211 9 99 99* oder *Tel. 0211 21 21 21*

VOR ORT

AUSKUNFT

Bei der *Tourist-Information (Mo–So 10–18 Uhr | Rheinstr. 3 | Tel. 0211 17 20 28 67 | Altstadt | E9)* bekommst du Informationen zu Veranstaltungen sowie die *Düsseldorfcard*.

GEPÄCKAUFBEWAHRUNG

Dein Gepäck kannst du in den Schließfächern am Hauptbahnhof *(bahnhof.de/duesseldorf-hbf/schliessfaecher)*, am Flughafen im Erdgeschoss von

Parkhaus 3 *(dus.com/de-de/informieren/gepäck/gepäckaufbewahrung)* sowie über das Netzwerk *Radical Storage (radicalstorage.com)* an mehreren Standorten in der Stadt lagern.

KARTENVORVERKAUF

- *Opernshop Düsseldorf (Heinrich-Heine-Allee 24 | Tel. 0211 8925211 | operamrhein.de/karten | Stadtmitte | 🕮 E9)*
- *Tourist-Information in der Altstadt (s. unter Auskunft)*

POST

Die *Postbank-Filiale am Konrad-Adenauer-Platz (Immermannstr. 65c | Stadtmitte | 🕮 F10)* ist Mo–Fr 9–18.30 und Sa 9.30–13 Uhr geöffnet.

SCHIFFSTOUREN

Die Schiffsausflugslinie *Weisse Flotte (w-flotte.de)* bietet von April bis Oktober Panoramafahrten durch den Medienhafen und nach Kaiserswerth. Infos und Tickets gibt es online sowie am *Verkaufshäuschen an der Unteren Rheinwerft (Rheinuferpromenade, Ladebrücke A | Tel. 0211 326124 | Altstadt | 🕮 D9)*. Auch die *KD (k-d.com)* führt Panoramafahrten durch, außerdem Touren nach Köln, Duisburg oder Zons.

STADTFÜHRUNGEN

Die *Düsseldorf Tourismus GmbH (Tel. 0211 17202867 | duesseldorf-tourismus.de)* hat eine Vielzahl geführter Touren mit so unterschiedlichen Themen wie Altbier, Sushi, Musik, Architektur oder Wehrhahn-Linie im Programm.

In der Stadt spielt die Kunst eine große Rolle. Kein Wunder also, dass ein spezieller *Kunst Service (Tel. 0211 6799695 | kunst-service.com)* zu außergewöhnlichen Führungen rund um Architektur und Kunst einlädt. Die Touren führen z. B. durch den Medienhafen, zu Baudenkmälern und Skulpturen oder in die Altstadt. Außerdem werden Rundgänge durch aktuelle Ausstellungen und interaktive Such- oder Kriminalspiele angeboten.
Die Mitarbeiter des *Vereins Düsseldorfer Stadtführer (Tel. 0177 4283548 | duesseldorfer-stadtfuehrer.de)* unternehmen mit euch ungewöhnliche Touren und erzählen euch Geschichten, die sonst leicht vergessen werden. Neben klassischen Rundgängen sind auch ein Kinderprogramm, Kostümführungen und Radtouren dabei.
Besonders sportlich wird's beim *Sightrunning (run-and-see-duesseldorf.de)*: Mit professioneller Laufbegleitung erkundet man joggend die Stadt.

STADTRUNDFAHRTEN

Verschiedene Stadtrundfahrten veranstaltet die *Düsseldorf Tourismus GmbH (Tel. 0211 17202867 | duesseldorf-tourismus.de)*. Für individuelle Besichtigungen eignen sich die *Hop-on-Hop-off-Touren*: Ein roter Doppeldeckerbus fährt durch die Stadt und steuert in 1½ Std. sieben Haltestellen und Sehenswürdigkeiten an. Mit einem Tagesticket *(20 Euro)* kannst du ein- und aussteigen, wo du willst. Wenn du lieber selbst das Steuer in die Hand nimmst, sind auch geführte Fahrrad- *(2 Std.*

32 Euro) oder Segway-Touren *(2 Std. 69 Euro)* buchbar.

Wer es noch rasanter mag, kann die Stadt auch im schnittigen Hotrod erkunden *(ab 64 Euro | hotrod-tour-duesseldorf.com).*

Krimibahn, Jazz-Tram oder Senffahrt? Am Wochenende fährt die *Rheinbahn (rheinbahn.de)* mit historischen Bussen und Bahnen durch die Stadtteile und bietet neben Sightseeing auch jede Menge Entertainment. Tickets gibt's online oder in den Kundencentern.

WLAN

Düsseldorf ist weiträumig mit WLAN-Hotspots ausgestattet. Nach einmaliger Registrierung beim Anbieter kann sich jeder in Reichweite eines Hotspots mit dem WLAN-Netz verbinden. Nähere Infos findest du auf den Websites der jeweiligen Anbieter. In vielen öffentlichen Gebäuden ist zudem das kostenfreie WLAN der Stadt unter „hotspot.duesseldorf" verfügbar *(duesseldorf.de/hotspot).*

ÜBERNACHTEN

Timing ist alles: Hotels in Düsseldorf sind nicht gerade günstig und zu Messezeiten oft schon weit im Voraus ausgebucht. Wer flexibel ist, informiert sich z.B. unter *messe-duesseldorf.de* über anstehende Großevents und plant seinen Besuch entsprechend. Früh buchen ist zu jeder Zeit empfehlenswert.

NOTFÄLLE

NOTRUFE

Feuerwehr: Tel. 112

Polizei: Tel. 110

Ärztlicher Notdienst: Tel. 0211 9 86 75 55

WETTER IN DÜSSELDORF

Hauptsaison (Mai–Juli) / Nebensaison

	JAN.	FEB.	MÄRZ	APRIL	MAI	JUNI	JULI	AUG.	SEPT.	OKT.	NOV.	DEZ.
Tagestemperaturen	4°	5°	10°	15°	19°	22°	24°	23°	20°	15°	9°	5°
Nachttemperaturen	-1°	-1°	2°	5°	8°	11°	13°	13°	10°	6°	3°	1°
Sonnenschein Stunden/Tag	1	2	4	6	7	6	6	5	5	3	2	1
Niederschlag Tage/Monat	13	12	9	9	10	10	12	13	11	11	12	13

LESESTOFF & FILMFUTTER

DÜSSELDORF. REZEPTE UND LEBENSART

Das Kochbuch (2010) enthält nicht nur rheinische Rezepte wie Senfrostbraten und Entenbrust mit Blattgold à la Königsallee, sondern erzählt auch Düsseldorfer Geschichten. Neben lokalen Einkaufstipps gibt's städtische Impressionen von damals und heute

FILMSCHÄTZE DÜSSELDORF

Die Rheinische Post hat aus Videomaterial ihrer Leser eine Dokumentation (2009) erstellt. Fünf DVDs zeigen Bilder der 1920er- bis 1980er-Jahre. Zeitzeugen und Historiker ordnen die Filme ein

TATORT DÜSSELDORF. KRIMINALES AUS 100 JAHREN

Clemens-Peter Bösken, früher Richter am Amtsgericht Düsseldorf, ist bekannt für seine Bücher über lokale und historische Prozesse. In diesem (2004) beleuchtet er spektakuläre Kriminalfälle aus 100 Jahren Düsseldorfer Geschichte

DIE SIMPSONS

In den USA ist Düsseldorf wohl bekannter, als man denkt: Die Figur des Austauschschülers Üter tritt im Original der Serie als Sohn eines Düsseldorfer Fruchtgummi-Fabrikanten auf und verkörpert „typisch deutsche" Klischees

PLAYLIST HEIMATLIEBE

0:58

- **DIE TOTEN HOSEN – TAGE WIE DIESE**
  Einer der wohl meistgespielten Songs im Düsseldorfer Sommer, nicht nur an den Rheinterrassen

- **KRAFTWERK – DAS MODEL**
  Auf die Elektropop-Legenden mit Düsseldorfer Wurzeln ist man in der Stadt zu Recht stolz

- **WESTERNHAGEN – MIT 18**
  Westernhagen besingt seine Heimatstadt und die Anfänge seiner Rockkarriere

- **DORTHE – WÄRST DU DOCH IN DÜSSELDORF GEBLIEBEN**
  Was zum Schunkeln: Die dänische Schlagersängerin trällert über einen Düsseldorfer Playboy

- **BROILERS– ZURÜCK ZUM BETON**
  Eine Hymne an die Heimat. Die Broilers stehen für Punkrock mit Herzblut, natürlich made in Düsseldorf

Den Soundtrack zum Urlaub gibt's auf **Spotify** unter **MARCO POLO Düsseldorf**

Oder Code mit Spotify-App scannen

AB INS NETZ

THEDORF.DE
Das Onlinemagazin rund um Spots, Highlights, Gesichter und Gegenwartskultur berichtet über alles, was in der Stadt so los ist. Auch hinter den Kulissen: Die Porträts von Düsseldorfer Gastronomen, Musikern und Künstlern sind besonders spannend

@DÜSSELDORFERPERLEN
Der wohl schönste Instagram-Feed Düsseldorfs: Das Fotoprojekt von Grafikdesigner Markus Luigs zeigt die Stadt in ungewöhnlichen, künstlerischen und humorvollen Bildern

LUST-AUF-DUESSELDORF.DE
Der Name ist Programm: Veranstaltungstipps, Restaurant-Checks und aktuelle News machen unter dem Motto „Das Beste aus der schönsten Stadt am Rhein" so richtig Lust auf Düsseldorf

DUESSELDORF.DE/RAT/LIVE
Wer einmal live miterleben möchte, wie in NRWs Landeshauptstadt Politik gemacht wird, kann hier Ratssitzungen als Stream verfolgen. Sitzungstermine und Tagesordnungen werden auf der Homepage der Stadt bekannt gegeben

TRAVEL PURSUIT

DAS MARCO POLO URLAUBSQUIZ

Weißt du, wie Düsseldorf tickt? Teste hier dein Wissen über die kleinen Geheimnisse und Eigenheiten von Stadt und Leuten. Die Lösungen findest du in der Fußzeile. Und ganz ausführlich auf den S. 20–25.

❶ Auf welchen Namen planten die Stadtväter Düsseldorf Ende des 19. Jhs. umzubenennen?
a) Rheindorf
b) Düsselstadt
c) Klein Köln

❷ Von welchem berühmten Architekten stammt der Kö-Bogen?
a) Daniel Libeskind
b) Frank O. Gehry
c) Friedensreich Hundertwasser

❸ Wer versuchte einst, sich beim Sprung in den Rhein bei Düsseldorf das Leben zu nehmen?
a) Robert Schumann
b) Heinrich Heine
c) Joseph Beuys

❹ Wie viele Japaner leben in Düsseldorf?
a) ca. 3500
b) rund 100 000
c) über 8000

❺ Wie lautet der einzig richtige Narrenruf im Düsseldorfer Karneval?
a) Alaaf!
b) Helau!
c) Ahoi!

❻ Welche Band hat ein Familiengrab auf dem Düsseldorfer Südfriedhof gemietet?
a) Kraftwerk
b) Die Ärzte
c) Die Toten Hosen

Lösungen: 1b, 2a, 3a, 4c, 5b, 6c

Bild: Karneval! Die ganze Stadt ist jeck!

REGISTER

Akademie-Galerie 33
Alt Sankt Martin 59
Alter Hafen 117
Altstadt 16, 24, 26, **30**, 50, 56, 78, 88, 105, 112, 115, 118, 121, 124, 128
Apollo Varieté 98
Aquazoo Löbbecke Museum 52
Archeopoint 42
Auseinandersetzung 36
Benrather Schlossufer 120
Berger Hafen 24
Beuys, Joseph 17, 21
Bilk 27, **58**, 91, 96
Binnenhafen 20
Burg Friedestrom (Zons) 61
Burgplatz **30**, 89, 102, 116, 118, 121
Capitol 99
Carlsplatz **36**, 112
Carlstadt **30**, 76
Carsch-Haus 35
Central 99
Clara-Schumann-Musikschule 21, 97
DEG (Düsseldorfer Eislauf Gemeinschaft) 102
Derendorf 50
Deutsche Oper am Rhein 98
Deutsches Keramikmuseum 40
Die Toten Hosen **25**, 131
Dormagen 61
Drei-Scheiben-Haus 43
Dumont, Louise 50
Dumont-Lindemann-Archiv 44
Düssel **20**, 46
Düsseldorfer Malerschule **21**, 49, 80, 116
Düsselstrand 103
Ehrenhof 30, **48**, 49, 115
Eisstadion an der Brehmstraße 102
Ekō-Haus der Japanischen Kultur **56**, 123
Ev. Auferstehungskirche 122
Filmmuseum **39**, 96
Fleher Wasserwerke 119
Flingern 27, **58**, 79, 89, 95, 136
Flingern Nord 58, 65, 77
Flughafen 125
Fortuna Düsseldorf 25
Gartenkunstmuseum 61
Gefallene der 39er 47
Gehry-Bauten **55**, 112
Gerresheim, Bert 31, 38, 46
Glasmuseum 49
Goethe, Johann Wolfgang von 45, 46
Goethe-Museum 46
Golzheimer Friedhof **49**, 50
Grafenberger Wald 56
Gröne Jong 44
Gründgens, Gustaf 21
Grupello-Haus 41
Güterbahnhof 72
Hafen 18, 24, **52**, 90
Handelsblatt-Haus 50
Hauptbahnhof 43, 125, 126
Heine, Heinrich 14, **24**, 37, 92
Heinrich-Heine-Denkmal 37
Heinrich-Heine-Institut **37**, 38
Hetjens-Museum 40
Hofgarten 22, **44**, 113
Immermann, Karl 49
Jan Wellem (Johann Wilhelm, Kurfürst) 14, **25**, 35, 41
Jan-Wellem-Reiterstandbild **41**, 112
Japanischer Garten 52
Japanviertel 20, **43**, 64, 106
Johann Wilhelm, Kurfürst (Jan Wellem) 14, **25**, 35, 41
Johannes-von-Nepomuk-Statue 46
Kaiserswerth 24, **55**, 56, 128
Karneval 16, 19, 22, 23, **104**, 105, 136
KIT (Kunst im Tunnel) **53**, 118
Klee, Paul 35
Kö-Bogen 15, **22**, 44, 84, 105, 113
Kö-Graben 20
Kom(m)ödchen 99
Komödie 99
Königsallee (Kö) 14, 16, 20, 22, 23, 26, 42, **43**, 51, 76, 79, 80, 105, 114, 124, 130
Kunst im Tunnel (KIT) **53**, 118
Kunstakademie 18, 21, 30, 33, 35, **46**, 104
Kunsthalle 30, **35**
Kunstsammlung NRW K20 30, **35**, 112
Kunstsammlung NRW K21 30, **38**
Kunstverein 35
Landtag 17, **53**
Langenfeld 103
Literaturhaus 25
Mahn- und Gedenkstätte 34
Malkasten 45
Malkastenpark 45
Marionettentheater 37, **98**
Markt am Carlsplatz **36**, 112
Medienhafen 18, 24, 25, 30, 55, 112, 117, 128
Medienviertel 18
Mendelssohn Bartholdy, Felix 21, 37
Merkur Spiel-Arena 97
Messe 56, 125
Mettmann 61
Mitsubishi-Electric-Halle 98
Münster-Therme 102
Museum Kunstpalast 30, 48, **49**, 116
Napoleon Bonaparte 25, 41, 67
Neandertal 61
Neuer Zollhof **55**, 112
Nordfriedhof 50
Nordpark **51**, 52
NRW Forum Kultur und Wirtschaft 48
Oberkassel 16, 27, 30, **56**, 105, 122
Oberkasseler Brücke 46, **47**, 121
Palais Nesselrode 40
Palais Wittgenstein **37**, 98
Paradiesstrand 119
Pegeluhr 117
Pempelfort 44, 89, 91, 136
PSD Bank Dome 98
Radschläger 30
Radschlägerbrunnen 30
Radschlägermarkt 87
Rathaus 26, 30, 33, **41**, 112
Rheinkirmes 16, 56, **105**
Rheinpark **50**, 116
Rheinturm 19, 26, **54**, 112
Rheinuferpromenade 26, 30, **89**, 115, 117, 118
Rheinufertunnel 53
Rheinwiesen **56**, 105, 123
Robert-Schumann-Musikhochschule 21, 97
Sankt Andreas 34
Sankt Lambertus 30, **33**, 116
Sankt-Peters-Turm (Zons) 61
Schadow, Wilhelm von 49
Schadowstraße 77, 78
Schauspielhaus 44, **99**
Schifffahrt-Museum **31**, 117
Schloss Benrath **60**, 121
Schloss Jägerhof 46
Schlosspark Benrath **61**, 121
Schlossturm 20, 30, **31**, 117
Schneider Wibbel 41
Schumann, Robert 21, 37
Schwanenmarkt 38
Schwanenspiegel 20
Senfmuseum **41**, 117
St.-Nikolaus-Kirche 120
Stadterhebungsmonument 17, **31**, 116
Stadtmuseum 39
Stadttor **55**, 114
Ständehaus 20, 38
Sternwartmal 59
Südfriedhof 25
Südpark 59
Synagoge 50
Tanzhaus NRW 98
Theater an der Luegallee **98**, 123

Theatermuseum 44
Tonhalle 21, 44, 47, 48, 49, **98**, 115
Toten Hosen, Die **25**, 131
U-Bahnhof Benrather Straße 37
Unterbacher See 103
Unterbilk 77, 78, 114
Urdenbach 61
Volksgarten 20, **59**
Wehrhahn-Linie 15, 22, 30, 37, 42, 128
Westdeutscher Rundfunk (WDR) 35, **54**
Wildpark Grafenberger Wald 56
ZOB 125
Zons 24, **61**, 128

LOB ODER KRITIK? WIR FREUEN UNS AUF DEINE NACHRICHT!

Trotz gründlicher Recherche schleichen sich manchmal Fehler ein. Wir hoffen, du hast Verständnis, dass der Verlag dafür keine Haftung übernehmen kann.

MARCO POLO Redaktion • MAIRDUMONT • Postfach 31 51
73751 Ostfildern • info@marcopolo.de

Impressum
Titelbild: Blick vom Medienhafen auf den Rheinturm (huber-images: F. Lukassek)
Fotos: R. Freyer (86); huber-images: F. Carovillano (14/15), G. Croppi (34, 38/39), S. Lubenow (81), M. Rellini (6/7), R. Schmid (26/27, 31), C. Seba (124/125); iStock: R. Balasko (Klappe außen, Klappe innen/1); F. Klasen (135); L. Kornblum (40, 48, 99); Laif: S. Bungert (123), A. Fechner (69), G. Hänel (12/13, 71, 104/105, 116), D. Kruell (85, 100/101), C. Moritz (72), G. Welters (66), Wieland (59), Zanettini (24); Look: S. Lubenow (82/83), D. Schoenen (60), H. Wohner (108/109, 130/131), M. Zegers (76/77); mauritius images: M. Weber (9), H. Zaglitsch (8); mauritius images/Alamy: W. Dieterich (114/115), P. Dudek (54), O. Hoffmann (120), B. Mellmann (4), B. Pro (94), rcphotostock (96), Sternenfrollein (106/107), Zoonar (132); mauritius images/imagebroker: K. F. Schöfmann (22); mauritius images/Westend61: D. Heinemann (62/63), M. Taboada (93), A. Tamboly (47); picture alliance/imagebroker: H.-W. Rodrian (42), S. Ziese (11); picture-alliance/dpa: F. Gambarini (52), J. Michaelis (36), H. Ossinger (10); Shutterstock: J. Bentham (21), A. Bratosin (17), J. Lund (88/89), NDAB Creativity (102/103), Zyankarlo (2/3)

15., aktualisierte Auflage 2024

Autorinnen: Franziska Klasen, Dr. Doris Mendlewitsch
Redaktion: Franziska Kahl
Bildredaktion: Anja Schlatterer
Kartografie: © 2023 KOMPASS-Karten GmbH, A-6020 Innsbruck; MAIRDUMONT, D-73751 Ostfildern (S. 110–111, 113, 117, 119, 122, Umschlag außen, Faltkarte); © Rheinbahn, Düsseldorf (Umschlag innen); © Flughafen Düsseldorf GmbH (Faltkarten Nebenkarte); © Messe, Düsseldorf (Faltkarten Nebenkarte); © 2023 KOMPASS-Karten GmbH, kompass.de unter Verwendung von © OpenStreetMap Contributors, osm.org/copyright (S. 28–29, 32, 45, 51, 53, 57, 64–65, 78–79, 90–91)
Als touristischer Verlag stellen wir bei den Karten nur den De-facto-Stand dar. Dieser kann von der völkerrechtlichen Lage abweichen und ist völlig wertungsfrei.
Gestaltung Cover, Umschlag und Faltkartencover: bilekjaeger_Kreativagentur mit Zukunftswerkstatt, Stuttgart; Gestaltung Innenlayout: Langenstein Communication GmbH, Ludwigsburg
Konzept Coverlines: Jutta Metzler, bessere-texte.de

Printed in China

MARCO POLO AUTORIN
FRANZISKA KLASEN

Der Fluss, das viele Grün, spannende Kultur und unzählige gute Cafés und Restaurants … Als Franziska Klasen zum Studium nach Düsseldorf kam, war es Liebe auf den ersten Blick. Einzig die Karnevalsbegeisterung der Rheinländer ist ihr als gebürtigem Nordlicht bis heute ein Rätsel. Aber hey: Jeder Jeck ist anders! Franziska Klasen arbeitet als Texterin und Redakteurin – natürlich in Düsseldorf.

BLOSS NICHT!

FETTNÄPFCHEN UND REINFÄLLE VERMEIDEN

JEDES WORT AUF DIE GOLDWAAGE LEGEN

Düsseldorfer tragen das Herz auf der Zunge: Sie sind sehr direkt und auch mit Fremden schnell beim Du. Sei also nicht beleidigt, wenn es sprachlich auch mal etwas rustikaler zugeht – das große Mundwerk ist nichts weiter als Ausdruck rheinischer Lebensfreude.

VON VORURTEILEN LEITEN LASSEN

Düsseldorf kann mehr als Altstadt und Kö! Erkunde unbedingt auch die Viertel jenseits des Zentrums. Hier zeigt sich, wie vielseitig die Stadt ist, und das Schickimicki-Klischee ist ganz schnell vergessen.

AN KARNEVAL NICHT FEIERN WOLLEN

Wenn du Vorbehalte gegen Karneval hast, solltest du während der tollen Tage lieber zu Hause bleiben. In fast allen Kneipen wird heftig gefeiert – sonst geht kaum etwas. Museen und Geschäfte haben nur stark eingeschränkte Öffnungszeiten und sind am Rosenmontag meist ganz geschlossen.

OHNE BARGELD LOSZIEHEN

Ja, Düsseldorf ist eine moderne und internationale Großstadt. Nein, man kann hier längst nicht überall mit EC-Karte zahlen. Vor allem in den Restaurants und Cafés in Szenevierteln wie Pempelfort oder Flingern sollte man immer genug Bargeld dabeihaben.

LOBENDE WORTE ÜBER KÖLN FINDEN

Für die meisten Düsseldorfer ist es nur ein Spaß, für manche Leute jedoch eine Frage der Ehre: die oft herbeigeredete „Erzfeindschaft" mit der rheinischen Rivalin Köln. Ob Karneval, Bier oder Sport – zumindest am Brauhaustresen kann es da schon mal hitzig werden!